D1696436

Christoph Vallaster

Nachthaubenzeit

KULTURGESCHICHTLICHE
MINIATUREN

Christoph Vallaster

Nachthaubenzeit

Eine Liebes- und Alltagsgeschichte
aus dem 19. Jahrhundert

Jan Thorbecke Verlag Sigmaringen
1991

Die Deutsche Bibliothek – CIP-Einheitsaufnahme

Vallaster, Christoph:
Nachthaubenzeit: eine Liebes- und Alltagsgeschichte
aus dem 19. Jahrhundert / Christoph Vallaster. –
Sigmaringen: Thorbecke, 1991
   (Kulturgeschichtliche Miniaturen)
   ISBN 3-7995-4145-4

Dieses Buch ist aus säurefreiem Papier hergestellt und entspricht den Frankfurter Forderungen zur Verwendung alterungsbeständiger Papiere für die Buchherstellung.

Umschlag: Neuffer Graphik Design, Freiburg i. Br.

Gesamtherstellung:
M. Liehners Hofbuchdruckerei GmbH & Co. Verlagsanstalt, Sigmaringen
Printed in Germany · ISBN 3-7995-4145-4

Inhalt

Erster Teil · 1876/77
7

Zweiter Teil · 1877–1880
35

Dritter Teil · 1881–1883
61

Epilog
85

Worterklärungen
90

Erster Teil

1876/77

1

Hätte Anton Ulmer in seinem Geschäft am Dornbirner Marktplatz keine Pfannen feilgeboten, dann würde ihn sein Weg wohl kaum nach Nenzing in die Schatzmannsche Pfannenfabrik geführt haben, und er wäre dem Fräulein Crescentia Schatzmann vielleicht nie begegnet. Die zwanzigjährige Senze mit den mandelförmigen Augen und dem kunstvoll geflochtenen Haar war damals, im Oktober 1876, allerdings auch nur zufällig für einige Wochen von Feldkirch nach Nenzing gekommen, um gemeinsam mit ihrer Schwester Tone im Haushalt ihres noch unverheirateten Bruders auszuhelfen.

Es war Liebe auf den ersten Blick. Am liebsten wäre der dreißigjährige Herr Ulmer jeden Tag hinaufgefahren ins Vorarlberger Oberland, in den sonnigen Walgau, um seiner Crescentia den Hof zu machen. Seit er zum erstenmal in ihre dunklen Augen gesehen hatte, ging sie ihm nicht mehr aus dem Kopf. Die Firma, die er gemeinsam mit seinem Bruder Heinrich gegründet und die ihn bislang völlig ausgefüllt hatte, interessierte ihn im Moment fast gar nicht mehr. Und statt die sich im Kontor häufende Geschäftspost zu erledigen, verwendete er das Geschäftspapier mit dem aufgedruckten Firmenbriefkopf dazu, seiner Angebeteten einen ersten Liebesbrief zu schreiben:

Liebste Kresenzia! Das Verlangen in Ihrer geliebten Nähe weilen zu können, läßt mich kaum die Tage und Stunden geduldig erwarten, welche mir wieder einen Besuch bei Ihnen gestatten; dennoch sehe ich ein, daß es nicht wohl möglich ist, so oft wie mein Herz es wünscht zu Ihnen kommen zu können, da ich theilweise an Sonntagen unseres Geschäftes wegen an das Haus gefesselt bin, und überhaupt noch nicht einmal weiß, ob zu häufige Besuche Ihnen gleich mir so erwünscht seien. Ich werde mir daher für diesmal den Wunsch versagen müssen, schon kommenden Sonntag wieder bei Ihnen zubringen zu können, und tröste mich dafür mit dem Bewußtsein, mich umso sicherer den ersten oder nächstfolgenden Sonntag mit dem Nachmittagszug bei Ihnen einfinden zu dürfen. Indem ich Sie bitte, meiner zuweilen gedenken zu wollen, verbleibt mit zärtlichsten Grüßen Ihr aufrichtigster Anton Ulmer.

Daß Anton Ulmer seinen Sonntagsbesuch verschieben wollte, paßte der Senze gar nicht ins Konzept. Sie wollte es genau wissen, so schnell wie möglich, und sandte umgehend folgendes Antwortschreiben nach Dornbirn:

Geehrtester Herr Ulmer! Ihr mir sehr wertes Schreiben, das ich heute Abend, circa sieben Uhr (also so mitten in der Abendarbeit) erhielt, freute mich derart, daß ich mit Beantwortung desselben nicht bis morgen warten wollte, sondern gleich heute, nach vollendeter Arbeit, dies liebe Geschäft verrichten will. Also vor allem meinen herzlichsten Dank dafür. Sowohl bei Ihren zwei letzten, mit sehr angenehmen Besuchen, als auch aus dem heutigen lieben Briefe ersehe ich deutlich, daß ich Ihnen durchaus nicht gleichgültig bin, welcher Gedanke mich aufrichtig sehr beglückt. Ihre Besuche sind mir daher jederzeit herzlichst willkommen.

Da Tone und ich an Allerheiligen, kommenden Mittwoch, nach Feldkirch gehen, was von uns ohne besondere Veranlassung nicht geschieht, und wir bei dieser Gelegenheit Herrn Vormund besuchen, möchte ich als dankschuldiges Mündel ihm gegenüber in dieser Beziehung kein Geheimnis haben. Da aber unsere gegenseitigen Erklärungen noch sehr mangelhaft sind und überhaupt unsere gegenseitige Bekanntschaft erst begonnen hat, möchte ich davon, Herrn Vormund gegenüber, noch keine Erwähnung thun.

Sie verzeihen daher, geehrtester Herr Ulmer, wenn ich so frei bin und Sie bitte, entweder mich morgen (mit dem Nachmittagzuge, da dies vorher nicht mehr geschehen kann) mit Ihren lieben Besuche zu beehren und dann gegenseitig die Sache ungestört, ernstlich zu besprechen oder aber dies vor Allerheiligen noch gegenseitig schriftlich zu thun, da es auffallen würde, wenn wir nachher wieder sogleich nach Feldkirch gingen und ich vorläufig noch unser Verhältnis als Geheimnis bewahren möchte.

Nenzing, bäuerliches Walgaudorf mit ein paar aufstrebenden Gewerbe- und Industriebetrieben, weit abgelegen von den Zentren Europas, von Wien genauso weit entfernt wie von Paris, wurde an jenem Sonntagnachmittag, als Anton durchgeschüttelt und gerädert dem Zug mit den harten Holzbänken entstieg, um sich seiner Crescentia zu erklären, ihr den gewünschten Heiratsantrag zu machen, für ein paar selige Stunden zum Mittelpunkt der Welt. Nun konnte die glückliche Braut am Allerheiligentag ihren Vormund, den einflußreichen Feldkircher Fabrikanten und Glockengießer Josef Anton Grassmayr, vor vollendete Tatsachen stellen.

2

Gottlob ist bei uns alles gesund, pflegte der alte Andreas Schatzmann oft und gerne zu sagen, ob's nun gerade paßte oder nicht. Er habe mehr oder minder im Fuß und Rücken fast immer zu leiden, das Luisele sei seit fast acht Tagen krank, aber gottlob sonst sei alles gesund. Vorgestern sei das Weib seines

Bruders Sebastian an der Abzehrung gestorben, er käme soeben von deren Beerdigung, gottlob ist bei uns alles gesund.

Nun lag er selbst drunten am Feldkircher Friedhof, unter dem hochaufragenden neugotischen Denkmal der Schatzmannschen Grabstätte. Er wäre gerne älter geworden, nicht nur der Kinder wegen, die sechs Jahre zuvor, am Schutzengeltag des Jahres 1866, schon ihre Mutter verloren hatten.

Begonnen hatte alles in Altenstadt, wo Andreas am 23. September 1808 als zweites der vierzehn Kinder des Bauern und Lohnfuhrwerkbesitzers Johann Stephan Schatzmann geboren wurde. Er hatte eine schöne Kindheit, hier im weiten Tal mit dem freien Blick hinüber zu den Schweizer Bergen, mußte allerdings schon bald kräftig mitanpacken. Mit sechzehn Jahren, so die Familienchronik, sei er dann hinein nach Feldkirch gekommen, in die damals noch von hohen Stadtmauern umschlossene Stadt an der Ill, deren Bürger seit Jahrhunderten im ganzen Land den Ton angaben. In der Marktgasse, beim Spediteur und späteren Bürgermeister Gehring, habe er die Lehre gemacht. So fleißig und strebsam sei er gewesen, daß ihm der Lehrherr eines schönen Tages sein Geschäft und zudem ein ansehnliches Startkapital überlassen habe. Daraus sei dann die Schatzmannsche Spedition- und Kommissionshandlung geworden, die beste Geschäfte habe machen können in der traditionsreichen, seit dem Mittelalter vom Ost-West- und Nord-Süd-Verkehr lebenden Stadt, die sich in jenen Jahren entscheidend veränderte. Mit zunehmender Industrialisierung hielt ein neuer, großbürgerlicher Lebensstil Einzug in der westlichsten Bezirksstadt der Donaumonarchie. Aus alten städtischen Adelssitzen und Patrizierhäusern wurden Geschäftshäuser mit luxuriös eingerichteten Verkaufslokalen und großen Kontoren, am Stadtrand und in den ländlichen Nachbargemeinden wurde eine Fabrikanlage nach der andern errichtet, für die Arbeiter baute man die ersten Sammelquartiere, und selbst wohnten die Fabrikherren in vornehmer Zurückgezogenheit etwas außerhalb der Stadt, in den großzügig angelegten Villen an der Straße nach Levis und Altenstadt.

So weit wollte er auch einmal kommen, der nun im 44. Lebensjahr stehende Andreas Schatzmann, der inzwischen das Feldkircher Bürgerrecht erworben hatte und ans Heiraten dachte. Am 2. August 1852 vermählte er sich in der Feldkircher Johanneskirche mit Kreszenz Vögel aus Sulzberg, die sechzehn Jahre jünger war als er.

Die Hochzeitsreise führte die beiden über Friedrichshafen in die deutschen Bundesstaaten und die Schweiz. Dazu war ein eigener Reisepaß nötig, der von der k. k. Bezirkshauptmannschaft Feldkirch ausgestellt wurde. Der darin enthaltenen Personenbeschreibung nach hatte Andreas Schatzmann eine mittlere Statur, ein ovales Gesicht, braune Haare, graue Augen und eine reguläre Nase.

Übers Jahr kam das erste der Schatzmannschen Kinder zur Welt, die Marie, der in den Jahren darauf neun Geschwister folgten: Andreas, der den Vornamen des Vaters weitertragen sollte; Crescentia, die am 4. November 1855 das Licht der Welt erblickte; Albert, das drei Tage vor dem Heiligen Abend geborene Christkind des Jahres 1856; Antonie, die Tone genannt wurde und etwas untersetzt war; Josef, von allen Pepi gerufen; Luise Marie und Luise Marie Ludwina, die beide als Kleinkinder starben; Friedrich, der später, nach dem Tod des Vaters, zu den Jesuiten in die Stella Matutina kam und von dort nach Hause berichtete, in der Schule seien der Pater viel; und Luise, das Nesthäkchen.

Der alte Andreas Schatzmann galt etwas in der Stadt, führte im Magistrat und in der Handelskammer das große Wort und war seit 1855 stolzer Besitzer jenes merkwürdigen Bürgerhauses in der Neustadt, das hinten hinaus, gegen den Schloßgraben, nur zweistöckig und so schmal war, daß pro Etage gerade ein Fenster Platz fand, vorne hinaus jedoch, der katzenkopfgepflasterten Straße zu, über sich hinauswuchs zum dreistöckigen, drei Fenster breiten Geschäftsgebäude mit hohen, repräsentativen Laubenbögen und einem riesigen Portal. Für ein Speditionsunternehmen der günstigste Platz, nur zwei Häuser von der Zuschg, dem seit dem Mittelalter bestehenden Warenumschlagsplatz, entfernt, direkt unter der mächtigen Schattenburg, die an Föhntagen zum Greifen nahe war und die Gebäude am Fuße des Burghügels förmlich zu erdrücken schien.

Der alte Andreas Schatzmann ließ keine Gelegenheit aus, seine wirtschaftliche Situation zu verbessern, kaufte 1863 aus der Konkursmasse Hanisch die 1834/35 von Barbisch & Co. begründete Seifensiede in der Felsenau, erwarb 1869 die Leimsiede in Brederis und wurde kurz vor seinem Tod noch Teilhaber der Nenzinger Metallwarenfabrik F. A. Huber & Sohn, die Eisenpfannen und Kupferschalen herstellte.

In glücklichen Tagen, vor dem frühen Tod der Gattin, hatte ihm ein dankschuldiges Ehepaar einmal zum Namenstag gewünscht, er möge ein stets gesundes, hohes Alter erreichen und erst spät, wenn der Lebenswinter Silberflocken auf sein würdiges Haupt gestreut habe, hinübergehen in die seligen Wohnungen des Jenseits, um dort wieder mit den Seinigen vereint zu sein. Aus dem langen Lebensabend wurde allerdings nichts, denn Andreas Schatzmann verstarb bereits am 30. Juni 1872, als noch keines seiner Kinder volljährig war. Vormund der Schatzmannschen Vollwaisen wurde Josef Anton Grassmayr, der dem alten Andreas damit das vergelten konnte, was dieser seinerzeit für ihn getan hatte, beim Konkurs der Firma Grassmayr & Companie.

3

Allerheiligen 1876. Zum erstenmal seit dem Tod des Vaters nicht nur Traurigkeit, nicht nur Erinnerungen, sondern freudiges Tuscheln, Erzählen und Lachen. Crescentia war glücklich, als sie am Abend von Nenzing aus ihrem Anton nach Dornbirn schrieb:

Soeben sind wir mit dem letzten Zuge angekommen, er hatte eine halbe Stunde Verspätung. Jetzt ist's halb elf Uhr. Ich will Ihnen daher nur noch kurz das Resultat unserer heutigen Unterredung kund thun. Weder bei Herrn Vormund, noch bei meinen Geschwistern daheim, stieß ich mit meiner wichtigen Angelegenheit auf ein Hindernis; sondern alle sind vollkommen einverstanden, zu meiner größten Freude, und auch zur Ihrigen? – Hat Sie Ihr Vorhaben wohl noch nicht gereut? Und wird es Sie wohl nie reuen? – Dann erwarte Sie nächsten Sonntag mit dem halb zwölf Uhr Zuge und freue mich herzlich, wie wir planiren werden für die Zukunft, auf eine glückliche, heitere Zukunft. Ihre liebe theuere Photographie habe schon oft und lange betrachtet und betrachte sie, je länger, desto lieber. Herzliche Grüße an Ihre Frau Mutter. Mit tausend herzlichen Grüßen verbleibe Ihre aufrichtigste Senze.

Crescentia war fast zehn Jahre jünger als Anton, der so gesetzt wirkte mit seinem schwarzen Vollbart und dem ernsten Blick. Und so sprach sie ihn noch mit Sie an, obwohl er sie bereits duzte:

Meine liebe Senz! Herzlichsten Dank für Deinen lieben Brief! Obgleich ich am Sonntag wieder in Deine lieben Arme eile, erscheint mir die Zeit bis dahin doch zu lange, Dir meine Gefühle nicht früher bekannt zu geben, die Dein Glücksbrief in mir verursachte; deshalb ich mich beeile, denselben vorher noch schriftlich zu beantworten. Wenn Du wissen würdest, liebe Senz, wie mich jede Deiner Zeilen, wie überhaupt Deine Liebe mich beglückt, wie meine Gedanken beständig nur bei Dir weilen, würdest' wohl nicht fragen, ob mich mein Vorhaben noch nicht gereut oder nie reuen werde.

Nicht nur Crescentia hatte als Kind traurige Stunden erleben müssen, sondern auch Anton Ulmer, der schon 1863 seinen Vater verloren hatte. Beide sehnten sich nach Geborgenheit, wollten möglichst rasch eine eigene Familie gründen. Und da Senze praktisch dachte, sprach sie am 9. November 1876 von sich aus ihre Vermögensverhältnisse an, nachdem Anton ihr inzwischen das Dusagen beigebracht hatte:

Mein innigstgeliebter, theuerster Anton! Meinen herzlichsten Dank für Deinen zärtlichen Brief, er machte mich sehr, sehr glücklich, und dies noch umso mehr, weil ich mit Deinem Wunsche, bezüglich des Trauungstages, vollständig übereinstimme, denn mein Herz sehnt sich ebenfalls sehr nach jenem wichtigsten Tage in unserem Leben, an welchem wir durch den Segen der Kirche auf ewig (in herzlicher und aufrichtiger Liebe) vereint werden. O glückliche Zeit, die dann beginnen wird! Obwohl das Sprichwort heißt, der Ehestand ist der Wehestand, so glaube ich doch noch mehr dem Sprichworte: Getheilte Freuden sind doppelte Freuden und getheilte Leiden sind halbe Leiden. Und, mein theuerster Anton, an Treue und Aufrichtigkeit von Seite Deiner Dich zärtlich liebenden Braut, später Gattin, soll es mit der Hilfe von Oben nie fehlen.

Mein lieber Anton! Du erkundigtest Dich noch gar nicht um meine Vermögensverhältnisse. Ich kann Dir hierüber zwar auch nicht viel Auskunft geben, nur so viel weiß ich, daß durch das Testament unseres lieben theueren Vaters selig vom 30. Juni 1872 ein zehnjähriges Beisammenbleiben des Vermögens festgestellt ist.

Heute besuchte uns Dein Herr Bruder Lorenz, was mich herzlich freute. Nächsten Dienstag wahrscheinlich werde so frei sein, unsern gemeinsamen künftigen Heimatort in Dornbirn zu besuchen. Marie wird mich begleiten, nachher bleibe ich in Feldkirch. Tausend Grüße an Deine Frau Mutter und Herrn Brüder. Unter tausendtausend herzlichen Grüßen verbleibe in Erwartung eines fröhlichen Wiedersehens Deine Dich zärtlich liebende Braut Senze.

4

Die Leute nannten ihn Religionsadvokat, den wilden Feuerkopf Franz Josef Ulmer, der sich 1789 an die Spitze der Vorarlberger Revolte gegen die kirchlichen Neuerungen Josephs II. stellte und den Kirchenbau in Hatlerdorf erzwang. In Ulmers Löwenwirtschaft in Dornbirn-Hatlerdorf fanden die konspirativen Sitzungen der aufgebrachten Bauern statt, die für die alte Andachtsordnung, das öffentliche Rosenkranzgebet und die Wiederzulassung des Wetterläutens auf die Barrikaden gingen. Der regierungstreue Dornbirner Pfarrer Josef Anton de Leo wurde aus dem Pfarrhof gejagt. Der Ammann, der Gemeinderat und die Gerichtsdeputierten, die sich den traditionsverbundenen Rebellen entgegenzustellen versuchten, wurden kurzerhand ihres Amtes enthoben.

Die Reaktion des absolut regierten Staates blieb nicht aus. Kreishauptmann Indermaur ließ den Bregenzer Garnisonskommandanten zu sich rufen und befahl, Ulmer und Konsorten zur Räson zu bringen. Um elf Uhr nachts sollten sechzig Mann von Bregenz nach Dornbirn ausrücken, dort fünf Abteilungen bilden und genau um Mitternacht Franz Josef Ulmer, Jakob Mayer, Jakob Rusch, Johann Georg Luger und Konrad Salzmann, die führenden Köpfe der unbequemen Dornbirner, im Schlaf überraschen und in Ketten legen. Die Nacht- und Nebelaktion gelang. Zu spät bemerkten die Dornbirner, daß ihre Anführer brutal außer Gefecht gesetzt und verschleppt worden waren.

»Fürio! Fürio! Zündet den reichen Ketzern die Häuser an, greift zu, heut muß gefaustet sein«, brüllten die aus den Häusern stürmenden Bauern in ohnmächtigem Zorn. Nur unzureichend bewaffnet rannten sie den kaiserlichen Truppen, die begleitet vom dumpfen, drohenden Takt der Trommeln Stellung bezogen hatten, direkt vor die Mündungen der Gewehre. Nach einigen über die Köpfe hinweggezielten Warnschüssen wurde scharf geschossen. Zwei Dornbirner wurden getötet, einer schwer verwundet. Nun drohte der Bürgerkrieg. Ein Bürgerkrieg, wie ihn Vorarlberg noch nie erlebt hatte. In Bregenz rechnete man jede Stunde mit einem Angriff der Dornbirner, da das Gerücht kursierte, sie beabsichtigten, ihre Anführer mit Gewalt aus dem Bregenzer Kerker zu holen.

Schnell wurden aus Lindau vier Kanonen herbeigeschafft, mit denen die staatlichen Behörden sich Respekt zu verschaffen hofften. Außerdem wurden die Bürgergarden von Lindau, Kempten, Isny und Wangen alarmiert, die im Ernstfall der in Bregenz liegenden Garnison zu Hilfe eilen und mithelfen sollten, die mit Prügeln und Morgensternen bewaffneten Bauern außer Gefecht zu setzen.

So weit kam es jedoch nicht, denn zwei Tote waren den Dornbirnern genug. Sie gaben sich geschlagen, sie hatten verloren. Die Sieger jedoch hatten eine Heidenangst vor ihnen, die so weit ging, daß jedes harmlose Bäuerlein aus dem Raum Dornbirn, das in Bregenz den Markt besuchen wollte, wie ein Schwerverbrecher behandelt und auf dem Weg durch die sonst so verträumte Bodenseestadt von bis an die Zähne bewaffneten Soldaten eskortiert wurde.

Franz Josef Ulmer versuchte zweimal, aus dem Gefängnis in Bregenz zu entkommen. Die Fluchtversuche scheiterten. Er kam vor Gericht. Das Urteil traf den freiheitsliebenden Dornbirner Löwenwirt bis ins Mark. Zwangsarbeit. Zwangsarbeit auf unbestimmte Zeit, unter Umständen lebenslänglich. Endstation war das Innsbrucker Zuchthaus, wo Franz Josef Ulmer in tiefe Schwermut verfiel und im Juni 1792 verstarb.

Damit war die Sache für die Familie jedoch noch nicht ausgestanden, denn der Staat wollte auch Geld sehen, viertausend Gulden, als Wiedergutmachung für die beim Religionsaufstand entstandenen Schäden. Die Witwe des Religionsadvokaten hätte die enorme Summe nie aufbringen können, deshalb sprang Franz Josefs Bruder in die Bresche, der Industriepionier Johann Adam Ulmer, der 1773 gemeinsam mit Dominicus Rüf und Josef Winder in Dornbirn die Baumwollhandspinnerei eingeführt hatte und enorme Gewinne machte.

Johann Adam Ulmer wohnte nicht drunten im weitläufigen, langgestreckten Markt Dornbirn, der auf dem besten Weg war, zum wichtigsten Fabriksort des Vorarlberger Rheintales zu werden, sondern droben im Oberdorf, wo er als Gemeindevorsteher ein strenges Regiment führte. Während der bayerischen Zeit – Vorarlberg fiel im Zuge der Napoleonischen Kriege vorübergehend an Bayern – amtierte er genauso wie unter österreichischer Verwaltung. Es waren harte Jahre, die viel Opfer forderten, und alle atmeten erleichtert auf, als Napoleon endlich bezwungen, als endlich Frieden war. Der Beginn eines goldenen Zeitalters, so schien es. Und Johann Adam Ulmer war immer noch als Ortsvorsteher im Amt, was ihm schlußendlich zum Verhängnis wurde. Denn als er eines Tages einem entfernten Verwandten wegen »sittlicher Bescholtenheit« die seinerzeit zum Heiraten notwendige Ehelizenz verweigerte, da schwor der verhinderte Ehemann Rache, lauerte dem Vorsteher am Abend auf und erschlug ihn im Schutz der Dunkelheit mit einer Axt.

Eine Tragödie. Ein Schock für die ganze Familie. Besonders für den im Dornbirner Oberdorf lebenden Sohn Lorenz Ulmer, der als Vorsteher in die Fußstapfen seines Vaters trat. Zum Glück sprang da bereits ein neuer Adam herum, der vier Jahre vor der schrecklichen Bluttat das Licht der Welt erblickt und den Vornamen des Großvaters erhalten hatte.

Es wurde viel gebetet im Ulmerhaus. Adam, der zum Gerber ausgebildet wurde, stellte als Fünfzehnjähriger sogar ein selbstverfertigtes, handgeschriebenes Gebetbuch mit allen nur möglichen Besinnungen und Betrachtungen zusammen, das er in bestes Leder aus der familieneigenen Gerberei binden ließ. Nachdem sich Adam Ulmer als Handwerker im Oberdorf etabliert hatte, vermählte er sich mit Elisabeth Winder, die jedoch bald starb. Im Wonnemonat Mai des Jahres 1842, nach angemessener Trauerzeit, führte der junge Witwer seine zweite Frau zum Traualtar, Magdalena Huber, eine Tochter des reichen Schlossers, Eisenhändlers, Kupferhammerbesitzers und Mohrenwirts Franz Anton Huber, die ihm in den folgenden Jahren drei Söhne gebar, den Lorenz, den Anton und den Heinrich.

Jedem Großvater sein ewiges Weiterleben auf Erden, seine Wiedergeburt, seinen nach ihm benannten Enkel, so hielten es die meisten Familien, die dynastisch dachten wie das Kaiserhaus. Den ersten Anspruch auf ein nach ihm benanntes Enkelkind hatte selbstredend der alte Lorenz Ulmer, der Großvater väterlicherseits. Franz Anton Huber, der Großvater mütterlicherseits, kam beim zweiten Ulmerschen Sohn zum Zuge, beim Anton, der am 11. Februar 1846 das Licht der Welt erblickte.

Anton, das künstlerisch begabte Kind, das in jeder freien Minute zeichnete und malte, das alte Gemälde kopierte und stets auf der Suche war nach geeigneten Vorlagen, um nach und nach zwei Bände mit Bleistiftporträts berühmter Persönlichkeiten der Weltgeschichte zusammenzustellen, war kein weltfremder Träumer, sondern schlug in geschäftlichen Dingen jenem Großvater nach, von dem er seinen Vornamen hatte und in dessen Fußstapfen er treten sollte. Dafür sorgte die Mutter, eine starke, dominierende Frau, die Anton auf die Dornbirner Realschule schickte und nach dem frühen Tod ihres Mannes die Weichen für die Zukunft stellte. Während Lorenz Ulmer die väterliche Gerberei im Oberdorf erhielt, kaufte Anton 1872 mit seinem ererbten Vermögensanteil das Haus Marktstraße 1 und übernahm gemeinsam mit seinem Bruder Heinrich die zuletzt von einem Onkel mütterlicherseits geführte Hubersche Schlosserei, aus der nun die Firma Gebrüder Ulmer wurde, die auf den Verkauf von Eisen- und Lederwaren spezialisiert war.

Hier also, in Anton Ulmers Haus am Dornbirner Marktplatz, mit den Verkaufsgewölben der Eisenhandlung im Erdgeschoß, dem zierlichen zwei Fenster breiten Altan im ersten Stock und dem vornehmen, die dem Marktplatz zugewandte Fassade krönenden Dreiecksgiebel, sollte mit Senze als junger Eisenhändlerin und Hausfrau in wenigen Wochen der Himmel auf Erden beginnen.

5

Inzwischen wurden bereits zierliche Verlobungsanzeigen gedruckt, und Crescentia Schatzmann informierte nach und nach ihre Bekannten und Verwandten, natürlich auch die Feldkircher Rößlewirtin Genovefa Huber-Wielath, geborene Vögel, jene urwüchsige Schwester ihrer Mutter, die den Menschenandrang bei der letzten öffentlichen Hinrichtung in Feldkirch mit den Worten kommentiert hatte, a Henkate sei besser als zehn Primiza. Auch an die Aussteuer und die Einrichtung dachte Senze:

Vorgestern abends sind wir glücklich angelangt, Marie in Nenzing und ich in Feldkirch. Pepi und Tone holten die Marie, Albert und Viktoria mich am Bahnhofe ab. Wir plauderten und planirten noch bis elf Uhr miteinander. Morgen gehen Herr Vormund und ich zusammen die Möbel und Matratzen bestellen. Samstag kommt wahrscheinlich Antonie heim.

Seit ich in Wirklichkeit in Deinem hübschen, sehr wohnlichen Hause war, bin ich im Geiste mehr in Dornbirn, als in Feldkirch; es gefiel mir sehr gut; ich wäre gleich dabei gewesen, wenn's geheißen hätte, hier bleiben und die Frau spielen neben meinem lieben Anton. Gestern habe meinem Bruder Andreas geschrieben. – Dein wundervolles Präsent, das schöne Ührle, geht ausgezeichnet, habe es gestern aufgezogen, lasse es jetzt aber ruhen bis Sonntag, dann werd' ich's meinem Geliebten zu Ehren wieder tragen und überhaupt dasselbe als ewiges Andenken bewahren. In der frohen Erwartung, Sonntag elf Uhr in Deine Arme eilen zu können, verbleibe unter herzlichsten Grüßen Deine glückliche, Dir ewig treue Senze.

Mit derselben Post sandte Senze auch einen Brief an ihre künftige Schwiegermutter:

Geehrteste Frau Ulmer! Theuerste Mutter! Erlauben Sie, daß ich schon zur Überschrift diesen theueren Namen wähle, denn es freut mich eben so sehr, nach zehn langen Jahren wieder eine zweite Mutter zu bekommen, die ich ebenso liebe und achte, wie dies bei meiner leiblichen Mutter der Fall wäre. Ebenso bitte ich Sie, mich in Zukunft als Ihre Tochter zu betrachten und in Folge dessen nicht mehr anders als per du anzureden und ich werde dann so frei sein, mir, als junge unerfahrene Frau, in jeder wichtigen Lage bei meiner theuren Mutter Rath zu erholen. Schließlich danke noch verbindlichst für die freundliche Aufnahme und gastliche Bewirtung am letzten Dienstag. Indem ich Sie noch um Ihren mütterlichen Segen zu unserm wichtigen Vorhaben bitte, verbleibe unter den herzlichsten Grüßen Ihre Sie hochschätzende, aufrichtig liebende Tochter Crescentia Schatzmann.

Am 17. November 1876 kamen die beiden Briefe aus Feldkirch in Dornbirn an, die von Anton umgehend beantwortet wurden:

Meine innigstgeliebte Senze! Ich habe Deine lieben Briefe empfangen, sowohl den für meine Mutter, wie auch für mich bestimmten, und haben mich dieselben unaussprechlich glücklich gemacht.

Nicht minder hast Du mit Deinem lieben Briefe meiner Mutter große Freude verursacht, da es sie ebenso sehr danach verlangt, Dich ihre Tochter nennen zu können, denn sie ist überzeugt, daß ich mit Dir sehr glücklich sein werde; und was liegt einer Mutter mehr am Herzen als das Glück ihrer Kinder? Wie es mein sehnsüchtiges Verlangen ist, Dich recht bald meine liebe theure Gemahlin nennen zu können. Deshalb trachte auch darnach, daß Dir die Möbel- und Matratzenfabrikanten Deine Aufträge schnell ausführen und mache die Bestellungen nicht zu groß, damit wir nicht etwa durch Unausführ-

barkeit derselben bis zur beabsichtigten Trauungszeit (Anfangs des Jahres 1877) unsern Ehetag verschieben müssen.

Gleich wie es Dir mit Deinen Gedanken geht, daß dieselben sich meistens in Dornbirn aufhalten, ebenso ergeht es mir, da die meinigen beständig nur bei Dir in Feldkirch sind und ich kaum den Sonntag erwarten kann, welcher mich wieder dahin führt, wohin ich gehöre, an die Seite meiner lieben, theuren Braut. Von den Verlobungsanzeigen habe schon einige an ihre betreffende Adresse abgeliefert. Herzliche Grüße von meiner Mutter und Heinrich und viele tausende von Deinem Dich ewig liebenden Anton. Deinem Bruder und meinem zukünftigen Schwager Albert ebenfalls meine herzlichsten Grüße.

Ein Telephon gab es noch nicht, deshalb schrieben sich die beiden »durch Ortsverhältnisse zeitweise getrennten Seelen« seitenlange Liebesbriefe. Am 29. November 1876 ließ Anton auf nicht weniger als fünf Seiten seinen Gefühlen freien Lauf:

Da Du übrigens aus meinem Benehmen Dir gegenüber schon längst erkannt haben mußt, daß meine Liebe und Treue zu Dir ebenso unbegrenzt ist, wie ich solches auch bei Dir mir gegenüber, seit ich überhaupt von Dir geliebt zu werden das Glück habe, schon längst gefunden habe, so ist es eigentlich überflüssig, sich unsere Zukunft in Verheißungen und Versprechungen auszumalen, denn bei einer solchen innigen Liebe versteht es sich von selbst, daß wir im Ehestand den Himmel schon hier auf Erden haben ...

Ich bin am Montag glücklich nach Hause gekommen, ist mir aber gegangen wie jedesmal, wenn ich von Dir komme, nämlich daß ich gleich wieder mit dem letzten Zuge hätte nach Feldkirch zurückfahren mögen. Ich sehne daher stündlich den Tag herbei, an welchem ich Dich mit mir herunter nehmen kann und nach welchem es für uns keine Trennung mehr gibt.

Die Mutter übergab mir das letztemal, Dich zu fragen, ob Du Dich bezüglich der Brautkleider bei der Näherin schon erkundigt habest, ich vergaß dasselbe in der Glückseligkeit Deines lieben Anblickes und kannst Du mir daher das Maß und die Beschaffenheit derselben entweder in Deiner Antwort oder bei meinem nächsten Besuche am kommenden Sonntag mittheilen. Heinrich will wissen, ob die Marie schon in Feldkirch ist.

Es stand eine Doppelhochzeit ins Haus, denn Anton Ulmers Bruder Heinrich und Crescentia Schatzmanns Schwester Marie waren ebenfalls ein Paar und verliebt bis über beide Ohren. Marie, die noch in Nenzing aushalf, wurde nun jeden Tag in Feldkirch, im Elternhaus in der Neustadt, erwartet. Dies teilte Senze ihrem Anton umgehend mit:

19

In welch hohes Stadium des reinsten Glückes mich Dein lieber schöner langer Brief, den ich heute Abend sehnlichst erwartete, versetzte, kann ich Dir nicht schreiben. Ich ersehe daraus, daß die Hoffnungen, die ich auf meinen zukünftigen, heiß geliebten Lebensgefährten setze, sich in jeder Beziehung verwirklichen werden. Lieber theurer Anton! Entschuldige, wenn ich Dir heute schon zum zweitenmal bemerke, daß der Ehestand ein Wehestand ist und zwar, weil er so sehr dem Wechsel unterworfen ist. Aber, nicht wahr mein Geliebter, der liebe Gott mag noch so viel über uns verhängt haben, wir zwei wollen, einander treu und innig liebend, durch alles hindurch gehen, durch Glück und Unglück, Freud und Leid?

Wenn nur der Fünfte in der nächsten Woche schon der 5. Februar wäre! Ich sehne mich sehr nach diesem wichtigen Tage, an dem ich für ewig Dir als Gattin angetraut werde. Bezüglich Brautkleider wollen wir's nächsten Sonntag besprechen. – Gestern bestellte ich für Marie Möbel und Matratzen. Heute holten die Sattler die Federn. Auch kam heute das für Nenzing bestimmte Urschele, sie fährt morgen hinein, Marie muß sie noch kurz mit allem bekannt machen und kommt dann Freitag entweder mit dem Mittag- oder Abendzug nach Hause. Ich freue mich sehr darauf; wir wollen dann gemeinsam planiren über unsere nächste Zukunft. Glaube, Heinrich sollte den Brief an Marie nach Feldkirch adressieren, da er ihr gleich bei der Ankunft geschlossen übergeben wird, wenn er allenfalls vor der Marie ankäme.

Daß Du mir einen fünf Seiten langen Brief geschrieben hast, freute mich herzlich (Du bist wirklich ein ausgezeichneter Briefschreiber). Verzeihe, wenn ich Dir keine so lange Antwort schreiben kann. Habe die Güte, bringe gelegentlich einmal zwei Musterhemden, eins von Dir und eins von Heinrich, damit wir die Hochzeitshemden darnach machen können.

Richtig, gestern erfuhr ich, daß die Brautführer verheirathete Herren sein müssen und keine ledigen, also darfst Du keinen Kummer haben, daß ich von einem andern ledigen Herrn an den Altar geführt werde und Du grad so zuschauen müssest. Wir bestimmten in unserm Plane dazu Deinen Herrn Bruder Lorenz und unsern Herrn Vormund, Herrn Grassmayr. Ehrengesell oder Bräutigambegleiter müssen Ledige sein.

Verzeih, daß ich so krumm gekommen bin, das Linienblatt ist mir verschoben.

6

Da sich Crescentia äußerst interessiert zeigte, berichtete ihr Anton immer wieder auch von seinen beruflichen Aktivitäten. Sogar am 6. Dezember 1876 nahm er sich Zeit für einen kleinen Brief, gleich nach dem Klosamarkt:

Was man gerne thut, dazu findet man immer ein bißchen Zeit übrig, und thut's lieber früher als später, daher ich den heutigen Abend, nachdem der Markt bereits verlaufen ist, noch dazu benütze, meiner lieben Senz zu schreiben. Ich bin von meiner Reise in den Bregenzerwald gestern Abend glücklich zu Hause angekommen, habe aber wegen des mühsamen Marschierens infolge des kolossalen Schmutzes heute noch etwas Müdigkeit verspürt. Übrigens kam ich ganz unvermerkt an End und Stelle, da meine Gedanken nicht auf das Ziel sich richteten, sondern wie ich Dir schon vorhersagte, auf dem ganzen Wege nur bei Dir waren, so zum Beispiel auch derjenige, daß schon bei dem nächsten Gange, den ich wieder in den Bregenzerwald mache, Du schon als meine liebe Madame Ulmer zu Hause herumhantierst. Gleich nach meiner Heimkunft trieb mich Feuerlärm wieder auf die Socken, da in der Riedgasse, durch die wir bei Eurem Besuche (nach dem Bahnhofe) gegangen sind, ein Kaminbrand ausgebrochen war, der aber nach kurzer Zeit von der Feuerwehr gelöscht war.

Mit den durch Heinrich übersandten drei Herzen hast Du mir große Freude gemacht, da ich weiß, daß die darauf angebrachten sinnreichen Verslein mit Deinem Herzen übereinstimmen, wie wenn Du sie selbst geschrieben hättest.

Wir haben nun beschlossen, am Hochzeitstag das Geschäft ganz geschlossen zu lassen, weshalb die Mutter unserm frohen Feste auch beiwohnen kann. Heute hatten wir einen ziemlich strengen Tag, allein wie öde und langweilig kam mir derselbe vor, wenn ich an den nächsten Markt denke, der am Faschingdienstag abgehalten wird, an welchem Du als Frau Eisenhändlerin im Laden herumregierst.

Morgen Abend wird dem wiedergewählten Bürgermeister zu Ehren ein großartiger Fackelzug veranstaltet. Am Sonntag bin ich wieder bei Dir, ich freue mich schon heute darauf, schon deshalb, weil von den neun Wochen wir wieder um eine unserm höchsten Glücke näher sind. Ich sehe Deiner lieben Antwort entgegen und verbleibe mit Tausenden von Grüßen Dein ewig treuer Anton.

Liebe Senz! Grüße mir auch alle andern im Hause, und entrichte ferner meinen schönen Gruß an die Marie von Heinrich, den mir derselbe eigens ans Herz legte.

Anton Ulmer ergriff jede Möglichkeit, vom Geschäft weg- und zu seiner Braut nach Feldkirch zu kommen. So nützte er auch den Thomasmarkt, um sich mit Crescentia zu treffen, die auf die Ankündigung seines Besuches folgendes antwortete:

Vor allem meinen aufrichtigsten Dank, erstens für den prachtvollen Brief, zweitens für das prachtvolle Seidenkleid und drittens für das, durch Heinrich erhaltene, Verlobungskärtle. Daß Du am Thomasmarkt mit dem Mittagszuge kommst, freut mich sehr und ich werde Dich, Deiner Erlaubnis zufolge, erst im Hause begrüßen.

Theuerster Anton! Durch meine Erzählungen über meine frühere Wanderlust und durch meine förmliche Sucht nach der Fremde und nach Abwechslung, daß ich zum Beispiel das einemal nach Frankreich, ein anderesmal nach Augsburg, Landeck etc. wollte, würde es mich gar nicht wundern, wenn Dich hie und da der Gedanke beunruhigen würde, ich könnte am Ende, nachdem wir verheirathet sind, wieder so einen ähnlichen, unruhigen Kopf aufsetzen. Doch, mein Innigstgeliebter, Du darfst deshalb so unbesorgt sein, wie ich's in dieser Beziehung Deinetwegen bin; Du darfst gewiß auf mein Wort glauben, denn ich bin ebenso aufrichtig gegen Dich, wie Du gegen mich. Wenn unsere lieben theueren Eltern selig nicht so früh gestorben wären und wir Waisen es nicht so vielfältig erfahren hätten, wie falsch die Welt ist, hätte ich nie an fremdes Brot gedacht. Du, theurer Anton, bist mir Ersatz für meine lieben Eltern selig. Vom Vermählungstage an gehöre ich ganz Dein und von Tag zu Tag werden wir enger miteinander verbunden, indem wir gleichsam wetteifern, unsere gegenseitige Liebe und Achtung thatsächlich zu beweisen. Wie sehr freue ich mich, vom 5. Februar an, einen eig'nen Beschützer und Beschirmer zu haben, und einen solchen Beschützer! Deine vielfachen Erfahrungen in geschäftlicher Beziehung bürgen mir für eine sorgenlose Zukunft, sowie Dein ernster, männlicher Charakter.

Entschuldige, wenn ich schließlich noch einmal auf das Thema der zweiten Seite zurückkomme. Ich zürne Dir durchaus nicht ob der Frage, die Du letzten Sonntag an mich richtetest, nämlich ob ich seit der Zeit unserer Bekanntschaft auch noch nach Frankreich gewollt hätte? – Ich mache nur deshalb Erwähnung davon, daß Du siehst, daß ich diese Frage in ihrer ganzen Bedeutung aufgefaßt habe. Entrichte von Marie und mir unsern freundlichsten Dank unserer lieben Mutter für alle Mühe, die sie mit diesen großartigen Einkäufen hat, sowie unsere aufrichtige Einladung auf den Heiligen Tag. Tausendtausend Grüße von Marie an ihren Heinrich. In Erwartung eines recht baldigen frohen Wiedersehens grüßt Dich herzlichst Deine Dich ewig zärtlichst liebende Senze.

Anton Ulmer, der seiner Senze versicherte, seine dumme Frage nach ihrer Wanderlust sei »ganz im Entzücken der Liebe entstanden« und nur so dahergeschwätzt gewesen, fuhr nach dem Thomasmarkt nur ungern nach Dornbirn zurück:

Ich bin samt der großen Anzahl Markt- und Gerichtssaalbesucher am Montag glücklich zu Hause angekommen und bin nun die ganze Woche hindurch im Laden und am Schreibpulte beschäftigt, anstatt neben Dir am Nähtische zu sitzen und achtzugeben, daß Du die Nadel nicht in den Mund nimmst. Hast Du Dich seither recht gehütet und Dich bemüht, diese Gewohnheit abzustreifen? Du wirst begreifen, daß ich dieser gefährlichen Gewohnheit wegen fortwährend in Sorge und Angst um Dich bin, daß Du gewiß niemanden hast, dem mehr an Deinem Leben und Deiner Gesundheit angelegen ist, als mir; deshalb bitte ich Dich auch, gleich wie Heinrich seine Marie, die Nacht nicht zum Tage zu machen, und die Arbeit an den Abenden früher einzustellen, da solches wohl eine Zeitlang auszuhalten ist, mit der Zeit aber zu anstrengend wird. Wie wir ja schon öfters untereinander gesagt haben, läßt sich das Unverfertigte ja alles noch nach der Hochzeit fertig machen; statt dessen schaue lieber dazu, daß auch ja der Sattler und Tischler mit den Möbeln und die Näherin mit den Brautkleidern frühzeitig genug fertig sind, denn ich könnte mich kaum in die Lage denken, wenn es hieße, dieselben seien nicht fertig und der Vermählungstag müßte deshalb verschoben werden. Und wie lange würde dieses Hinausschieben dauern? Volle acht Wochen wenigstens (wegen der Fastenzeit) wären wir von dem Ziele wieder entfernt, dem ich, schon seit unser inniges Verhältnis besteht, mit jedem Tage sehnsüchtiger entgegensehe.

Theure Senze! Glaube mir, eine noch längere Trennung von Dir vermöchte ich nicht zu ertragen, und viel eher würden wir mit unsern gewöhnlichen Kleidern und ohne ein Stück Möbel zu besitzen vor den Altar treten, als unsere Vereinigung auch nur einen Tag zu verschieben. Wenn es, wie es bei Brautleuten die an ein und demselben Orte wohnen der Fall ist, möglich wäre, einander tagtäglich zu sehen und zu sprechen, dann freilich wäre es ein anderes, da in Deiner Gegenwart mir immer die Zeit nur viel zu schnell vergeht, und der 5. Februar würde herankommen, ehe wir daran dächten; so aber bleibt jedes die ganze Woche hindurch mit seiner Sehnsucht und seinen Liebesträumen allein. Ich freue mich daher schon sehr auf die Weihnachtsfeiertage, an welchen wir zum erstenmal eine längere Zeit als bisher beisammen sein können. Doch auch die übrigen paar Wochen werden noch zu erwarten sein, und der gesegnete Tag ist da, an dem wir, Inniggeliebte! einander für immer angehören. Wir sind gegenwärtig täglich damit beschäftigt, für unsere Wohnungen bald dieses und jenes Neue anzuschaffen, damit unsere lieben Gemahlinnen bei ihrem Einzug jede Bequemlichkeit vorfinden.

Da Heinrich seiner Marie auch gerade schreibt, haben wir die Briefe in ein Couvert gesteckt, da doch jede den Brief der andern zu lesen bekommt, und jede wird wissen wollen, was jeder von uns seiner Herzallerliebsten schreibt.

Zum Jahreswechsel wurden ganz besonders herzliche Briefe ausgetauscht. Anton blickte zurück und träumte von der Zukunft:

Mit dem heutigen Briefe erhältst Du von mir den letzten in diesem Jahre. Wie sehr haben wir mit jedem Brief uns gegenseitig erfreut, und doch wieder freuen wir uns so sehr darauf, nicht mehr lange zum Briefwechsel genöthigt zu sein. Noch drei oder vier Briefe hin und her, hernach haben wir die Zeit ersehnt, wo wir uns für immer jeden Gedanken sogleich mündlich mittheilen können. Theure Senze! Wenn ich am Schlusse dieses Jahres zurückblicke auf den ganzen Lauf desselben, so ist es besonders die zweite Hälfte des Jahres 1876, die für uns beide ebenso wie das erste Viertel des Jahres 1877 zeitlebens in der angenehmsten Erinnerung fortleben wird; denn wenn ich zurückdenke auf die Zeit, wo ich noch einsam durch das Leben wandelte und mein Geschick noch nicht mit dem eines liebenden Wesens theilen konnte; wenn ich mir dann vergegenwärtige wie sich seit dem 6. Oktober unsere Herzen gefunden haben und der Bund für unser ganzes Leben geschlossen wurde, der dann von Tag zu Tag sich immer enger und inniger gestaltete, bis er endlich am 5. Februar 1877 seine kirchliche Weihe empfängt; wenn meine Gedanken weiter in die Zukunft schweifen und ich meine über alles liebende Senze als treue und liebende Gattin zur Seite habe, die mit mir durchs Leben geht, durch Freude und Leid, Glück und Unglück: ein solcher Zeitabschnitt wird und muß zeitlebens bis ins höchste Alter immer neu und frisch in unserm Gedächtnisse bleiben und mit goldenen Buchstaben in unsern Herzen geschrieben stehen zur immerwährenden Erinnerung, wie das Schicksal zwei für einander bestimmte Seelen so schön zusammenführte. Liebe Senze! deshalb wollen wir auch den Ort, an welchem wir uns zuerst kennen lernten, und der uns dadurch stets an unser beiderseitiges Glück erinnert, nie vergessen, und einer unserer ersten Ausflüge nach unserer Verheirathung soll es sein, daß wir die Stelle wieder aufsuchen, wo ich mir meine liebe Senze zu meiner Gemahlin erbat. Schon oftmals haben wir uns seit dieser fröhlichen Stunde gesehen und kennenzulernen Gelegenheit gehabt, und bei jedem folgenden Besuche kommt es mich umso härter an, Dich immer noch in Feldkirch zurücklassen zu müssen, je näher der Tag unserer Vermählung heranrückt. Mit welchem Wonnegefühl begrüße ich den Eisenbahnzug, der uns an St. Agatha nach Lindau und von dort nach Bayerns Hauptstadt bringen wird. Hat der Sattler die Wiener Möbel immer noch nicht bekommen?

Wie Heinrich letzten Dienstag nach Hause brachte, wollet ihr die Bewirtung vor und nach dem Hochzeitamte selber Euch aufbürden, womit ich gerne einverstanden bin, nur lasse ich nicht zugehen, daß etwa der Arbeitsgeist an diesem Tage in Deinem schönen Köpfchen sich Platz macht, und Du vielleicht die Wirtin spielen wolltest.

Und Crescentia träumte schon von der Hochzeitsnacht:

Mein einzig geliebter, theuerster Anton! Für Deinen theueren Brief mei-
nen aufrichtigsten Dank. Meine tiefinnige Liebe zur Dir drängt mich, meine
Handarbeit etwas früher als gewöhnlich einzustellen, um mich mit Dir zu
unterhalten, jetzt noch schriftlich, aber in fünfeinhalb Wochen?
Dann, mein theuerer Anton, ist unser Glück vollständig. Wenn wir den
5. Februar abends unsere Hochzeitsgäste in Lindau an den Bahnhof begleitet,
und wir, als überglückliches Ehepaar, in unser Hotel zurückkehren, zum
erstenmal allein, ich als Gattin am Arme meines innigstgeliebten Gatten! – – –
Ich kann mir's gar nicht vorstellen, welch ein seliges Gefühl uns in diesen
Momenten erfüllen wird! – – Der Gedanke, mit dem geliebtesten Wesen auf
Erden auf ewig verbunden zu werden, bringt jetzt schon mein Herz vor
übergroßer Freude in die höchste Aufregung, und dann wieder in die tiefste
Betrübnis, weil bis zu diesem seligen Augenblicke jetzt noch eine Zwischenzeit
von fünf ganzen Wochen ist.
Daß unser gegenseitiges Verhältnis seinen beseligenden Anfang am
6. Oktober genommen, wußte nicht so genau, aber Du, mein treuer Geliebter,
wirst dies aus dem Geschäftsbuche ersehen haben, bei Aufzeichnung der
Pfannenbestellung.

Auf demselben Briefbogen wünschte Senze auch ihrer künftigen Schwiegermutter viel Glück zum Jahreswechsel:

Der Himmel erhalte Sie noch recht viele Jahre gesund, froh und zufrieden
im Kreise Ihrer Familie, die sich im kommenden Jahre noch um zwei Glieder
vermehrt, die sich glücklich schätzen, Ihre Schwiegertöchter genannt werden
zu dürfen. Sie dürfen versichert sein, theure Mutter, daß es mein eifrigstes
Bestreben sein wird, Ihrem braven Sohne, meinem innigstgeliebten Anton,
eine liebend besorgte, treue Gattin zu sein, kurz, alle Pflichten, ihm gegen-
über, auf das Gewissenhafteste zu erfüllen. Daß Sie ihren Söhnen von Jugend
auf eine gute Erziehung gegeben, beweist die Liebe und Ehrfurcht, die
dieselben gegen sie hegen, wofür auch wir Ihnen unsern aufrichtigsten Dank
schulden und darbringen, denn dies ist uns die beste Bürgschaft für unser
dauerhaftes künftiges Glück.
Daß Sie den Weihnachtstag bei uns zubrachten, hat uns wirklich gefreut
und wir bedauerten nur, daß die Zeit so ungemein schnell vorbeiflog. Es freut
uns auch sehr, daß wir die Hochzeit so einfach abhalten, dies war schon längst
unser geheimer Wunsch.

Meine theuerste, zärtlichstgeliebte Senze! Das Jahr 1877 ist nun angebrochen, für uns das wichtigste und bedeutendste, welches wir beide bisher erlebt haben. Noch nie in meinem Leben habe ich den Anfang eines neuen Jahres so freudig begrüßt, wie solches dies Jahr der Fall ist. Freilich noch weit freudiger begrüße ich den Anfang des nächsten Monats, denn dann sind wir an dem Ziele angelangt, dem wir nun schon seit drei Monaten so sehnsüchtig entgegensehen. Dann, theure Senz! bricht für uns die Morgenröthe einer langen, freuden- und segensreichen Zukunft an, die uns durch die gegenseitige aufopferndste Sorgfalt, Liebe und Treue diese Welt zu einem himmlischen Paradiese macht. Hoffen wir, daß uns der Himmel den Wechsel des Jahres viele, vielemal miteinander erleben läßt, und möge derselbe verhüten, daß je einem von uns die geringste Ursache gegeben sei, durch Vernachlässigung oder Erkalten unserer Liebe auch nur einen Gedanken von einer Klage aufkommen zu lassen; denn meine theure Senz! unsere Liebe zu einander soll und wird am Ende unserer Tage noch ebenso innig und treu bestehen, wie sie bisher, seit wir uns kennen, gewesen und wie sie gegenwärtig besteht.

Wie Heinrich bei seinem Nachhausekommen am Montag mir sagte, hast Du Dir vorgenommen, unsern Besuch bei der Frau Tante in Hohenweiler schon am hl. Dreikönigtag zu machen. Da wir bezüglich der Fahrt uns noch nicht genügend verabredet haben, so bitte ich Dich, mir in Deiner lieben Antwort mitzutheilen, mit welchem Zug Du kommst, welche Klasse Du fährst und für welche Endstation (ob Lochau oder Bregenz) Du das Billet genommen hast. Jedenfalls kommst Du mit dem ersten Zuge.

Wegen des Fuhrwerks wirst Du die Tante von unserm Eintreffen wohl schon verständigt haben. Bei der Heimfahrt, wenn Pepi nicht mit uns zurückkehrt, haben wir den Plan gemacht, daß Du mit mir in Dornbirn aussteigst und bei uns übernachtest, da Heinrich ohnehin am Sonntag nach Feldkirch kommt und Du somit dann nicht ohne Begleitung bist; denn es würde mich sehr schwer ankommen, Dich an einem Sonntage bei der Nacht ganz allein ohne einen Beschützer die Fahrt nach Feldkirch machen zu lassen; viel eher würde ich mit Dir bis Feldkirch und tags darauf mit dem ersten Zuge wieder zurück fahren. Die Mutter läßt Dich daher auch bitten, in diesen Vorschlag einzuwilligen.

Gestern haben wir auch die Eheringe bestellt, kommt mir gut, daß ich einen ziemlich großen brauche, da Dein ganzer lieber Name vollständig samt Datum des Vermählungstages eingraviert wird.

Senze freute sich ganz besonders auf die Brautfahrt nach Hohenweiler. Schon als Kind hatte sie hier unbeschwerte Ferientage verbracht, bei ihrem

Onkel Peter Vögel, dem Doktor der Medizin und Chirurgie und Magister der Geburtshilfe, der zunächst acht Jahre praktischer Arzt in Lingenau gewesen war und dann als Gemeindearzt von Hohenweiler in Leutenhofen eine Praxis eröffnet hatte. Wie vergnügt waren sie damals gewesen, hier in der ländlichen Einsamkeit im äußersten Norden Vorarlbergs, wo alles so prächtig gedieh, wo es so viel Obst gab, vor allem Äpfel, daß man im Herbst oft gar nicht wußte wohin damit.

Zuletzt war Crescentia im Herbst 1875 in Hohenweiler gewesen. Nach dem Tod des Onkels hatte sie der Tante über die ersten schweren Wochen hinweggeholfen. Und nun wollte sie ihr den Anton vorstellen, dem sie zuvor noch einiges mitzuteilen hatte:

Du wirst entschuldigen, mein theurer Anton, daß ich den Besuch zur Tante grad so, auf meine eigene Faust hin, wieder auf acht Tage früher festsetzte, aber da es sich nicht wohl schickt, daß wir zwei allein, als Brautleute, nach Hohenweiler gehen, und Pepi seinen Besuch nicht länger hinausschieben will, und Samstag Dein Besuchtag ist, dachte, wir wollen die gute Gelegenheit benutzen und gleich zusammen reisen; habe die Tante gestern davon benachrichtigt. Du erhältst zwar diesen Brief eher, als sie den meinigen bekommt, obschon ich ihn schon heute früh zur Post trug, heut' ist für Hohenweiler kein Posttag, sie bekommt ihn also erst morgen abends circa vier Uhr. Bemerkte ihr auch, daß wir das Grab des Herrn Onkel selig und Bäsle Agath, das beim Herrn Kaplan ist, besuchen werden. Bist Du einverstanden, lieber Anton? – Wir fahren Samstag mit dem ersten Zug, ich nehme ein Retourbillet dritter Klasse nach Lochau, mit dem letzten Zug retour; Pepi wird wahrscheinlich unten bleiben über den Sonntag.

Obwohl Senzes Bruder Pepi als Anstandswauwau mitfuhr, machte sich die Viktor Sorgen. Viktoria Greiter, eben die Viktor, ersetzte den Schatzmannschen Kindern die Mutter und war weit mehr als nur ein Dienstmädchen. Senze an Anton:

In Folge Deines Briefes beriethen Viktor und wir Mädchen uns über die Retourfahrt Samstag abends. Viktor lachte und sagte, da hab' ich dann auch noch etwas dreinzureden. Wenn ihr (nämlich Du und ich) recht brav und ordentlich sein wollt, bleib nur unten über Nacht. Mit Zustimmung Deiner lieben Mutter werde also so frei sein und Deiner Einladung Folge leisten. Die erste Nacht in meiner baldigen neuen Heimat! – –
Der Juwelier wird denken, gut, daß nicht alle Bräute so lange Namen haben, sonst hätt' ich viel Arbeit, nur mit Eingravieren. Heut' war ich

Haushälterin in der Felsenau, da Karlina bei der großen Wäsch helfen muß,
ebenso morgen. Soeben schlug's elf Uhr.

Vier Tage nach der Fahrt nach Hohenweiler schrieb Anton seiner »heiß-
geliebten theuersten Senze« erstmals auf weißem Papier und nicht mehr auf
blauem Geschäftspapier:

Wie herzlich froh bin ich, daß nur schon der Mittwoch, auf den ich Dir
einen Brief zugesagt habe, herangekommen ist, da ich mich nun wieder, zwar
nur schriftlich und ohne in Deiner lieben Nähe zu sein, mit Dir, Du meine
theuerste Senz! unterhalten kann. Wie bald ist nun die Zeit da, wo wir unsern
gegenseitigen Briefwechsel, der uns so manche frohe Stunde bereitet hat und
uns die Zwischenzeit von einem Besuche zum andern viel weniger lang
erscheinen ließ, an den Nagel hängen und uns dann fortan jedes Wort
mündlich mittheilen können. Vom kommenden Sonntag bis zum folgenden ist
dann nur noch die einzige Woche, die wir durchzuwarten haben, ohne uns in
diesen acht Tagen einmal zu sehen; hernach kommt Brautexamen, Verwand-
tenbesuche etc., kurz Gelegenheiten, die uns die zwei Wochen bis zu unserer
ehelichen Verbindung durch öfteres Beisammensein sehr schnell vorbeigehen
lassen.

Ich bin aber auch recht froh, daß wir dieser heißersehnten Zeit nun schon
so nahe sind, denn ich fühle von Tag zu Tag immer mehr, daß in Deiner
Abwesenheit mir die Stunden zu Tagen, die Tage zu Monaten werden, mit
einem Wort, daß das Leben ohne Dich, theuerste Senz! mir zur bittersten
Qual würde.

Ich muß daher nochmals wiederholen, was ich Dir schon mehrmals gesagt
und betheuert habe, daß ich es für mein höchstes Erdenglück erkenne, Dir der
liebevollste und treueste Gatte zu sein und unermüdet suchen werde, Deine
Liebe von Tag zu Tag immer mehr zu verdienen. Es wird deshalb auch meine
innigste Freude sein, Dir zeigen zu können, daß ich, wenn es nöthig ist, wie
Du glaubst, ein gehöriges Portiönchen Geduld für meine liebe junge Frau
übrig habe, wie ich überhaupt, ohne mir zuviel zuzumuthen, ein Muster von
einem geduldigen Ehemann sein werde. Übrigens bin ich ohne Sorge, daß
meine Geduld in dieser Hinsicht viel auf die Probe gestellt wird, da ich schon
längst erkannt habe und sicher überzeugt bin, daß Du, liebe Senz! es in
häuslicher und wirthschaftlicher Beziehung als Hausfrau mit jeder Deines-
gleichen aufnehmen kannst.

Denkst Du recht öfters an unsere Brautfahrt am letzten Samstag? Wenn es
sich hätte ermöglichen lassen, wäre es mir recht gewesen, wenn dieselbe bis zu
unserem Hochzeittage fortgedauert hätte, da es ein besonders freudiges

28

Gefühl ist, mit einer so sehr geliebten Braut als Bräutigam in der Welt herumzukutschieren; daher überkommt ein noch erhebenderes Gefühl mich bei der Aussicht auf unsere nahe Hochzeitsreise, wo ich Dich nicht mehr nur als Braut, sondern als meine angetraute, zärtlichstgeliebte Gattin bei mir habe.

Seit Deinem lieben Besuche am Samstag und Sonntag kann ich mich kaum mehr daran gewöhnen, Dich nicht jetzt schon beständig hier zu haben, und es ist ein großer Trost für mich, daß bei Deinem nächsten Besuche der Abschied nur noch auf wenige Tage gilt.

NB. Am 5. Februar heirathen noch mehr als bloß wir beide Paar. Schüle's Pauline ist Braut und wird an diesem Tage vermählt mit Raimund Rhomberg (Färbers Raimund; Albert kennt ihn schon). Dieses Paar kennt sich zwar nur erst einige Tage und sind in Verlegenheit, da sie noch kein geeignetes Quartier gefunden haben.

Das mit der bevorstehenden Hochzeit der Pauline Schüle wußte Crescentia bereits, sie hatte diese Neuigkeit am Tag zuvor von Ludwina Malang in Feldkirch »auf der Gasse« erfahren. Dies erwähnte sie in ihrem Antwortschreiben jedoch nur am Rande:

Dies ist der zweitletzte Brief, den wir noch »ledig« einander schreiben, die nächste Woche der letzte, die andernächste Woche das Examen, die dritte die »Brautstubat«, die vierte Woche um die Zeit ist der entscheidende Schritt gethan, dann werden wir uns etwa von München aus nach unserer lieben, trauten, friedlichen Heimat in meinem neuen Heimatorte Dornbirn sehnen, sehnen nach jenen netten reinlichen Gemächern, in denen wir vom 5. Februar 1877 an alles, alles miteinander theilen wollen, Freud und Leid, Glück und Unglück, alle Sorgen etc., denn ich glaube, daß zur Aufrechterhaltung der ehelichen, gegenseitigen Liebe, Treue und Achtung unbedingt nothwendig sei, daß beide Theile einander ihr ganzes Vertrauen schenken.

Gelt, mein theuerster Anton, nächsten Sonntag machen wir die Besuche in Altenstadt? – Dann haben wir doch Gott sei Dank die auswärtigen Besuche fertig, und so geht doch eins ums andere herum, bis wir endlich alles durchgemacht haben.

Die Brautfahrt nach Hohenweiler wird mir unvergeßlich bleiben, besonders die romantische Fahrt, abends, von Hohenweiler nach Lochau retour, bei dem herrlichen Wetter, mit dem freundlichen Monde und den zahllosen Sternen über uns. Wenn nur der gute Josef (Kutscher) nicht gar so benebelt gewesen wäre!

Zum Schlusse unserer Correspondenz habt Ihr noch weißes Papier gekauft; wie als Sinnbild der Reinheit; und so können wir Gott sei Dank mit gutem Gewissen an den Altar treten, wodurch wir des Segens der Kirche umso eher theilhaftig werden. Daß Du mir stets ein liebevoller, treuer, geduldiger Gatte sein wirst, davon bin ich überzeugt, ebenso erneuere ich Dir meine ernstliche Versicherung, daß es zeitlebens mein einziges Bestreben sein wird, Dir eine treu liebende, besorgte, häusliche Gattin zu sein, die ihr Glück und ihren Ruhm einzig dareinsetzt, ihren theuren Gatten stets zufrieden und glücklich zu sehen, und ich glaube, annehmen zu können, daß Du wie ich das Glück und die Zufriedenheit mehr in einem stillen, häuslichen, friedlichen Leben suchst, wie in den rauschenden Lustbarkeiten der Außenwelt.

Durch die Anzeige der Verlobung der Pauline Schüle wollte ich Dich heute überraschen, jetzt bist Du mir aber vorgekommen, ich erfuhr diese Neuigkeit gestern, Ludwina Malang theilte sie mir mit bei Begegnung auf der Gasse. Wenn Du willst, theuerster Anton, kannst ihr von uns eine freundliche Gratulation überbringen. Jetzt wird's dann gleich 1/4 über 11 Uhr schlagen, alles im Hause schläft, außer Marie und ich, schließe daher mit tausend herzlichen Grüßen von Viktor, Albert, Tone und mir an die liebe Mutter, Dich und Heinrich. In Erwartung eines fröhlichen Wiedersehens grüßt Dich nochmals extra herzlich Deine Dich zärtlich liebende Senze.

8

Die letzten Liebesbriefe wurden gut zwei Wochen vor dem Hochzeitstermin gewechselt:

Dies ist nun der letzte Brief, den ich Dir als Junggeselle noch schreibe. Der nächste ist schon von irgendeiner Geschäftsreise an Dich als meine innigstgeliebte Gattin geschrieben, wenn ich einmal in Geschäften solange abwesend sein sollte; was aber ziemlich lange dauern dürfte, denn ich habe mir vorgenommen, die vielen Tage, die wir während unseres Brautstandes in Abwesenheit von einander zubringen mußten, nach unserer Vermählung mit guten Zinsen einzubringen, und mich auch nicht einen halben Tag von meiner lieben, jungen Frau zu entfernen, wenn nicht meine Anwesenheit anderswo unbedingt erfordert wird.

Eine Reise schon gleich am 5. Februar steht mir freilich in Aussicht, dort aber habe ich mein Glück, mein Ideal, mein Theuerstes auf Erden bei mir, und nur wo Du bist, Innigstgeliebte! ist für mich der Raum, wo ich wahrhaftig glücklich sein kann; daher mir auch meine jetzige Heimat erst jetzt wirklich lieb und wert wird, da sie uns beiden nun fürderhin zur gemeinsamen Heimat wird.

Liebe Senz! Wie sehr freue ich mich, daß nun die Zeit vorbei ist, wo eine *ganze Woche vergehen konnte, ohne Dich einmal zu sehen und zu sprechen. Von unserm nächsten Beisammensein am Montag an kommt eine Gelegenheit um die andere, die uns zusammenführt, bis endlich in circa 450 Stunden (Du mußt wissen, ich zähle schon die Stunden) der Augenblick da ist, der unserm Glücke und unserer Liebe die Krone aufsetzt.*

Gestern habe ich dem Andreas geschrieben, ihn als künftigen Schwager begrüßt und zugleich die Einladung zu unserer Hochzeit gemacht. Dem Pepi werden wir den Zigarrenspitz auf unserer Hochzeitsreise in München kaufen, vielleicht daß auch dem Andreas ein solcher erwünscht ist.

Am Montag war ich in geschäftlicher Angelegenheit im Gemeindehause, es krabbelte mir in den Fingern, den Heirathschein schon an diesem Tage zu verlangen; nun bis dahin dauert es nur noch ein paar Tage, da ich selben künftigen Montag in Empfang nehmen und dann bei meinem Besuche abends dem Herrn Pfarrer in Feldkirch zustellen werde. Glaube es wird wohl auch gehen, wenn ich auch den für die Marie und Heinrich an seiner Statt abgebe, da letzterer nicht auch zugleich am Montag schon wieder nach Feldkirch kommen kann.

Hast Du den Herrn Pfarrer wegen der Zeit zum Abhalten des Examens schon gefragt? Wenn dasselbe auf nächsten Dienstag bestimmt wird, werde ich erst an diesem Tage, dann aber schon am Mittag kommen, wenn's hingegen auf einen andern Tag in der Woche fällt, komme ich am Montag dennoch und werde auf diese Weise zweimal in dieser Woche bei meinem lieben Bräutchen zubringen können.

NB. Es fällt mir noch ein, daß ich am Sonntag, als ich von Dir weg nachhause fuhr, im Eisenbahncoupé den Buchhalter von Schneider, Juwelier, traf und für Albert den Ring bestellte; derselbe erwartet noch Ordre, ob Siegelring oder gewöhnlicher mit Stein; ersuche mir in Deiner lieben Antwort dasselbe mitzutheilen, das Maß nimmt derselbe von seinen Fingern.

Zur selben Zeit war ein Brief von Senze unterwegs, die ihrem Bräutigam zum Namenstag gratulierte und Einzelheiten zur bevorstehenden Übersiedlung nach Dornbirn mitzuteilen hatte:

Während mein Brief an Dich auf dem Wege ist, wird der Deinige an mich es ebenfalls sein. Mit größter Freude schreibe ich heute diesen letzten Brief (weil wir bis zum 5. Februar noch öfters persönlich miteinander verkehren können) und verbinde damit zugleich den ersten und letzten Gratulationsbrief an meinen theuren Bräutigam, denn der nächstjährige trifft ein schon nicht mehr neues, aber hoffentlich sehr glückliches Ehepaar.

Gratuliere Dir also, mein innigstgeliebter, theuerster Anton, zu Deinem morgigen hohen Feste und wünsche Dir recht herzlich alles erdenkliche Gute an Leib und Seele, für Zeit und Ewigkeit, kurz alles, was ich mir selbst nur wünschen kann, und dies, mein Geliebter, kannst Dir denken, ist in meinen jetzigen Verhältnissen gewiß nichts Kleines. Besonders wünsch' ich Dir, daß sich alle Deine Pläne und Wünsche, die Du schon für die Zeiten unseres bald antretenden, neuen Standes gemacht hast, verwirklichen mögen. Werde nächsten Sonntag den Heinrich bitten, das für Dich zum Namenstag bestimmte kleine Präsentchen hinunter zu nehmen. Laß Dir morgen zum letztenmal von der lieben Mutter nur noch recht gut aufköcheln! – – –

Auch von Viktor, Marie, Albert und Antonie zum Namensfeste alles erdenkliche Gute. Entschuldige, mein theurer Anton, wenn mein Gratulationsbrief erst am Namensfeste selbst, und zwar erst am Nachmittag eintrifft, aber gestern waren Viktor und ich bis nachts zehn Uhr in der Felsenau bügeln, und bis wir daheim noch fertig waren mit Wäsch verräumen etc. war's halb zwölf Uhr. Heute bügelte Viktor wieder den ganzen Tag mit Kohle, abends bekam sie vom Kohlendampf ein heftiges Kopfweh.

Ende dieser Woche werde in den Pfarrhof gehen, fragen, wann wir das Examen machen kommen sollen. Heut' haben wir Eheringe und Schuhe gekauft. Wir waren auch bei Tischler, Sattler etc. anzeigen, daß nächste Woche alles fortgeführt wird. Da von einem Tischler aus meine Sachen noch nicht ganz fertig sind, so werden zuerst die Sachen der Marie hinuntergeschickt, und zwar nächsten Montag mit unserem Fuhrwerk. Näheres kann Sonntag noch mit Heinrich besprochen werden. Wäsch, Kleider und Betten werden später gelegentlich per Bahn geschickt werden. Meine Möbel kommen wahrscheinlich auch noch die nächste Woche, etwa Donnerstag, dann ist wieder etwas Großes herum von den vielen Vorbereitungen zur Hochzeit. Gott sei Dank, daß endlich bald alle ihrem Ende zugehen und dann endlich der lang ersehnte Morgen des 5. Februar anbricht, an welchem unser sehnlichster Wunsch gestillt wird. Schließlich danke Dir noch für alle Liebe und Treue, die Du mir in allen bisherigen Briefen bewiesen hast, ich bin überzeugt, daß diese Betheuerungen nicht nur leere Worte waren, sondern aus einem aufrichtigen Herzen kommen.

Diese lieben Grüße konnte Anton natürlich nicht unbeantwortet lassen:

Obwohl ich meinen Brief von gestern für den letzten hielt, den ich Dir im ledigen Stande noch schrieb, bewog mich die Dankbarkeit und innigste Liebe zu Dir, meine süße Braut, Deinen lieben herrlichen Brief von gestern noch schriftlich zu beantworten, da die paar Tage, bis ich wieder bei Dir sein kann, mir als eine noch zu lange Zeit vorkommen, um meine Danksagung bis dahin aufzusparen. *Nimm also, theure Senz! für Deine Glückwünsche zu meinem Namenstage meinen innigsten, herzlichsten Dank entgegen. Dieselben beglücken mich umsomehr und haben den höchsten Wert für mich, da sie aus dem innersten Herzen meiner angebeteten theuren Braut kommen und von deren Erfüllung auch Dein künftiges Glück und Wohlergehen innig mit verflochten ist. Und, liebe Senz! daß dieses Glück, besonders das Deine, stets mit uns sei und uns fortwährend erhalten bleibe, ist die höchste und freuden-reichste Aufgabe meines Lebens.*

Heute wird nun Mariens und Heinrichs künftige Wohnung vollständig geräumt, so daß sie schon sogleich einziehen könnten.

Unsere Eheringe sind fertig, nur muß der Juwelier noch immer auf den Beamten warten, dieselben punzieren zu lassen. Es scheint, Ihr habt unsere Bitte um Schonung schon ganz wieder vergessen, daß Ihr immer beinahe ganze und halbe Nächte wachbleibt und arbeitet.

Da am Montag Mariens Möbel kommen, so wird es mir an diesem Tage wohl nicht möglich werden, zu Dir zu kommen, da Heinrich beim Abladen und Ordnen wird dabei sein wollen, und werde in diesem Falle daher erst am Dienstag kommen können.

Für Dein liebes Präsentchen sage Dir im voraus meinen herzlichsten Dank, werde es als Andenken von meiner theuren Braut an meinen letzten ledigen Namenstag stets hoch in Ehren halten.

Zweiter Teil

1877–1880

1

Am wohlsten hatte sich Crescentia eigentlich immer in der Felsenau gefühlt, trotz des manchmal durchdringenden Gestanks der Leim- und Seifenfabrik, die der Vater 1863 erworben hatte. Eine wilde Gegend. Die Gebäude standen zum Teil direkt an der Ill, die bei Hochwasser alles mitzureißen drohte und tosend durch die enge Schlucht schäumte, der nur wenige Gehminuten entfernten Stadt Feldkirch zu. Mitten durch den Schatzmannschen Besitz führte die schmale, staubige Landstraße, von welcher der steile Weg hinauf nach Fellengatter, Maria Ebene und Amerlügen abzweigte.

Zwei Träume hatte sich der alte Andreas Schatzmann erfüllen können mit dem Ankauf der Liegenschaften in der Felsenau. Der eine war zukunftsorientiert, galt einem eigenen, gewinnbringenden Fabriksgeschäft, der andere beschäftigte ihn seit seiner Kindheit, war die Rückkehr zu eigenem, landwirtschaftlich genutztem Grund und Boden.

Zunächst mußte die Fabrik in Schwung gebracht werden. Und da Schatzmann als Spediteur weit herumkam, fiel es ihm nicht schwer, die nötigen Rohstoffe günstig einzukaufen. Vor allem brauchte er Unmengen von hochwertigem Leimleder, denn er wollte Haut- oder Lederleim erster Güte herstellen. Zugleich führte er die Seifenfabrikation weiter, die mit der Sodaproduktion Hand in Hand ging. Gute Geschäfte hoffte er auch mit den Kerzen zu machen, die während der Wintermonate, wenn es fürs Leimsieden zu kalt war, in der Felsenau erzeugt wurden.

Der alte Andreas, der sich »fremde Leute thunlichst viele ersparen« wollte, beschäftigte nur einige »Leim-Knaben« und einen Leim- und Seifensieder, den Franz. Den Haushalt, der vor allem während der Sommermonate von der Stadt hinein in die Felsenau verlegt wurde, besorgten die Karlina und die seit dem Tod von Andreas Schatzmanns Frau unentbehrliche Viktor.

Viktoria Greiter, Schatzmannscher Mutterersatz mit rauher Schale und weichem Kern, mit abgearbeiteten, aber feingliedrigen Händen und markanten Gesichtszügen, sorgte dafür, daß die Kinder immer ordentlich beisammen waren, die Mädchen mit exaktem Mittelscheitel und streng zur Gretelfrisur zurückgekämmten Haaren, die Buben mit gebügelten Hosen und sauberen, den von Kaiser Franz Joseph in Bad Ischl bevorzugten Lodenröcken nachempfundenen, ebenso weiten wie kurzen Joppen. Acht Kinder im Alter zwischen drei und fünfzehn Jahren. Auf eines mehr oder weniger kam's dem alten Andreas Schatzmann da nicht mehr an. Und als zu Beginn des Jahres 1869 Viktorias Bruder Michael Greiter starb, dem die Viktor zu Weihnachten hoch und heilig versprechen hatte müssen, im Falle seines Todes für sein Töchterchen zu sorgen, da ließ der Spediteur den Wagen anspannen und fuhr gemeinsam mit seiner Tochter Marie nach Hohenems, um dort die sechsjährige Franziska Greiter abzuholen und auf unbestimmte Zeit in Pflege zu nehmen. So kam das arme Waisenkind zu seiner Tante Viktor nach Feldkirch und in die Felsenau, wo es besonders von den zwei jüngsten Schatzmannschen Kindern, dem fünfjährigen Friedrich und der dreieinhalbjährigen Luise, mit viel Freude empfangen wurde.

Im Frühling, als die Mauer an der Ill fertig und in der Felsenau wieder Leim gesotten wurde, als nur noch gesprengt, der Garten angelegt und der Kuhstall angeworfen und abgerieben werden mußte, da bekam das Fränzele einen Ausschlag und droben im Wald brach ein Feuer aus, das alles zu vernichten drohte. Es war windstill, so daß das Feuer bald gelöscht werden konnte. Trotzdem dachte der alte Andreas an eine zweite Produktionsstätte und kaufte im Juni 1869 die Leimsiederei in Brederis. Nun könne er dort oder in der Felsenau oder an beiden Orten zugleich Leim sieden, freute er sich.

Auch die Landwirtschaft, zu der ein Weinberg beim Schlößchen Amberg und einige Grundstücke in der Felsenau gehörten, begann sich zu rentieren. Wein gab's im 69er Jahr zwar nur wenig, doch die Qualität war ausgezeichnet, und die Erdäpfel- und Türkenernte fiel besser aus, als erwartet. Im Herbst wurden zwei Kühe dazugekauft, so daß nun drei Kühe und ein Jährling im neuen Felsenauer Stall standen.

Alles lief großartig. Nur die kleine Franziska wurde nicht mehr gesund. Am 21. Jänner 1870 starb sie um halb vier Uhr nachmittags »an der Kopfkrankheit«. Der Doktor gab innerlichen Drüsen die Schuld und sagte, sie wäre ein Schwächling geworden. Der alte Andreas sagte, es sei ihr gut gegangen, nun seien die Leiden überstanden, nun sei sie sicher im Himmel, Gott gebe ihr die ewige Ruhe. Und seine Kinder mußten ab sofort wieder morgens und abends Fischtran nehmen. Auch Senze und Tone, die damals im Internat waren und die entsprechenden Anweisungen per Post bekamen.

In jenem Jahr begannen auch die Arbeiten an der Eisenbahn, die auf der Steinseite, dem der Schatzmannschen Seifensiede gegenüber liegenden Illufer entlang, durch die Felsenauschlucht führen sollte. Hinter dem »Rößle« ging's durch den Garten, dann durch einen Tunnel unterm Schloß weiter hinunter zum Friedhof, wo auf Berls Grund der Bahnhof errichtet wurde. In der Felsenau wurde damals die alte Holzbrücke durch eine neue Eisenbrücke ersetzt, und in Meiningen gab man im Mai 1870 die noch nicht ganz fertiggestellte Rheinbrücke für den Verkehr frei.

Am liebsten wäre Andreas Schatzmann senior überall zugleich gewesen. Es gab Tage, an denen er nicht nur zu Fuß nach Brederis, sondern auch noch hinein in die Felsenau ging, um beim Leim- und Seifensieden nach dem Rechten zu sehen, für genügend Vorräte und den Absatz der Produkte zu sorgen. Er überforderte sich.

Was blieb, war die Erinnerung an ihn, an den Vater, der voller Stolz seine Kinder um sich scharte, um die ganze Familie vom Photographen verewigen zu lassen. Er selbst, das Familienoberhaupt, in der Mitte sitzend, eingerahmt von seinen vier Söhnen und vier Töchtern. Die Mädchen sollten alle gleich gekleidet sein, dies war sein ausdrücklicher Wunsch.

Und nun, am denkwürdigen 5. Februar 1877, war Hochzeit. Doppelhochzeit sogar. Die Stimmung war großartig. »O wie war es da so nett«, schrieb Friedrich Schatzmann ein Jahr später seinem Schwager Anton Ulmer, »als Du und der Heinrich in die Stube kamen und das Frühstück einnahmen, wie man dann uns allen kleine Sträußchen an den Rock heftete und wie zuweilen Wagen herauffuhren und neue Gäste brachten, wie wir dann endlich nach der Kirche fuhren und Du der Senz, Heinrich aber der Marie, den Brautring reichtest«.

2

Acht Tage nach der Trauung, die an einem Montag stattgefunden hatte, meldete sich Senze brieflich bei ihren Geschwistern und der Viktor von der Hochzeitsreise zurück und dankte für die vielen Geschenke:

Ihr habt wirklich zu viel gekauft, liebe Geschwister. Die Albume verlosten wir, der Marie traf's das rote und mir das mit dem Bild, sind beide sehr hübsch. Auch dem Josef Briem freundlichen Dank für das Kanarienvögele. Wie kann man das Tierchen auch herunter nehmen? Viktor, wir danken Dir nochmals verbindlichst für alle die viele Mühe und Arbeit, die Du unseretwegen dies letzte Vierteljahr hattest, besonders auch für die Gefälligkeit, die Du uns noch nachträglich erweist, indem Du die weißen Unterröcke noch einmal herrichtest. Heut' wird's ruhiger sein bei Euch daheim, als heut' vor acht Tagen?

Dann kam sie auf die Hochzeitsreise zu sprechen. Am Abend des Hochzeitstages, so gegen neun Uhr, sei sie mit Anton in Lindau angekommen, dort hätten sie übernachtet, und am nächsten Morgen seien sie mit dem ersten Zug, der schon um fünf Uhr abging, über Bayern nach Hall in Tirol gefahren:

In Kufstein telegraphierte Anton dem Andreas und in Hall holte uns letzterer am Bahnhofe ab, wir blieben beisammen bis circa elf Uhr, übernachteten dort auf der Post. Mittwoch morgens spazierte Andreas mit uns nach Thurnfeld und zur Saline, wo man uns alles zeigte. In Hall wurde ich das erstemal als Frau Ulmer tituliert und zwar am Bahnhof von Frau Spoleck, die nach Innsbruck fuhr. Sonst hieß es auf der ganzen Reise gewiß mehr wie zehnmal »Fräulein«.

Das frischvermählte Paar packte den Stier bei den Hörnern, im speziellen Fall Crescentias Bruder Andreas Schatzmann junior, der in Hall seinen Militärdienst absolvierte und der Doppelhochzeit in Feldkirch fast demonstrativ fern geblieben war. Einem alten Schulfreund, der zur selben Zeit wie er in Lindau auf der Handelsschule und in Rovereto in der Lehre gewesen war, schrieb er ganz offen, er habe seinen Schwestern von einer Heirat abgeraten, da es nicht nach seinem Geschmack sei, zwei Schwestern an zwei Brüder zu gleicher Zeit verheiratet zu sehen. Davon würde er sich nichts Gutes versprechen. Die künftigen Schwäger seien ihm gänzlich unbekannt, aber ihm seien die Hände gebunden. »Die Zukunft wird's lehren«, orakelte der junge Andreas, den in diesem Zusammenhang plötzlich die öffentliche Meinung interessierte, der wissen wollte, ob und was in Feldkirch über die Doppelhochzeit getratscht würde. Eine ganz neue Seite des flotten, liebenswürdigen Oberjägers, der in der Uniform eine so gute Figur machte, dem die Herzen der Frauen nur so zuflogen, der ein süßes Mädel, das er geschwängert hatte, einfach sitzengelassen und seinem Schulfreund geraten hatte, aufzupassen und lieber bei noblen Huren für die Liebe ordentlich zu bezahlen, als zu riskieren, später für ein lediges Kind zur Kasse gebeten zu werden.

Beim bewußten Fest in Feldkirch hatte er also durch Abwesenheit geglänzt, hatte die militärischen Verhältnisse und zuviel Arbeit als Grund angeführt und nur seinem ehemaligen Schulkollegen gegenüber zugegeben, er sei ein abgesagter Feind von solchen Festlichkeiten, wo man den Leuten quasi als Zielscheibe diene. Nun, nachdem er Anton Ulmer kennengelernt und Senzes glücklich strahlende Augen gesehen hatte, sah alles ganz anders aus.

Auf die nächste Station ihrer Hochzeitsreise, auf Innsbruck, freute sich Senze ganz besonders, da sie dort die Luitner besuchen konnte, die sie seit ihrer Institutszeit nicht mehr gesehen hatte:

Mittwoch Vormittag fuhren wir nach Innsbruck. Da gefiel es uns gut, denn wir hatten auch schön Wetter, was sonst leider auf der ganzen Reise nicht der Fall war. In Innsbruck kaufte mir Anton einen Doppelschal, braun, für 11 Gulden 50 Kreuzer. Ich wollte Frau Nußbaumer besuchen, wußte aber

ihre Adresse nicht mehr. Als wir circa zwölf Uhr über die Innbrücke spazier-
ten, lag grad der »Mondschein« vor uns. Wir hielten dort Mittag. Ich ließ die
Luitner Marie rufen, da verhandelten wir alle Mitzöglinge. Außer der
Reitmeyr Luise sind alle noch ledig. Die Marie selbst ist ein mehr kleines als
großes Frauenzimmer, sehr freundlich und unterhaltend.

Mittwoch Nachmittag fuhren wir mit dem Eilzug nach München (in Hall
verabschiedeten wir uns von Andreas am Bahnhofe). In München blieben wir
bis Donnerstag Mittag; es stürmte und regnete, daß man keinen Schirm
offenhalten konnte. Nachmittags fuhren wir über Augsburg nach Lindau,
übernachteten im Bayrischen Hof, wo wir ausgezeichnet, am besten auf der
ganzen Reise, bedient wurden (in München vergaß ich meine Nachthaube
und das Halstüchle).

Damit war die fünftägige Flitterwoche zu Ende:

Freitag fuhren wir mit dem zweiten Zug nach Dornbirn, wo uns Marie
mit einem Zweispänner am Bahnhof abholte. Bis abends blieben alle beisam-
men, dann gingen die Mutter, Marie und Heinrich ins Oberdorf. Seitdem ist
Marie schon einigemale bei mir gewesen, ich aber noch nie bei ihr, habe zu
viel Arbeit, konnte noch keine Viertelstunde los werden. Heut' machen Anton
und ich eine kurze Visite bei Koflers, und abends gehen wir ins Oberdorf.
Morgen muß ich zum erstenmal zu einer Leiche.

3

Anton ist in jeder Beziehung gut mit mir, ich bin wirklich glücklich an seiner
Seite. Es ist sowohl Antons Befehl, wie nicht weniger mein sehnlichster
Wunsch, sobald wie möglich ein Dienstmädchen anzustellen. Viktor, entschul-
dige, wenn ich so frei bin, mich in dieser Angelegenheit schon wieder an Dich
zu wenden, aber Du bist erfahren und sachkundig.

Die junge Frau Ulmer bat die Viktor, das Mädchen bei Mündles zu fragen
und sich nach den Mädchen zu erkundigen, »die in Rankweil für diesen
Zweck erzogen« wurden. Doch so leicht fand sich das ideale Dienstmädchen
nicht. Senze an Viktor und Tone:

Freundlichen Dank für die zwei Karten und besonders für die Mühe, die
Ihr bei Aufsuchung eines Dienstmädchens für mich habt. Die Resi bei
Baldaufs hätte mir nach der Beschreibung der Antonie recht gut gefallen. Du
wirst Dich erinnern, Tone, daß wir letzten Sonntag bei Zimmermanns Senze

ein Mädchen verhandelten, das bei Ganswirts anfragte. Die kommt jetzt als Dienstmädchen, sie war heute Vormittag bei mir, sie heißt Rese, ist achtzehn Jahre alt, von Schönau bei Lindau, ist gegenwärtig noch im Dienste bei Herr Kirchberger, und muß noch drei Wochen dort bleiben. Wenn aber Frau Kirchberger vor dieser Zeit eine andere bekommt, kommt Rese auch früher zu uns, was mir natürlich sehr lieb wäre.

Doch nicht nur um den Haushalt kreisten die Gedanken. Dann und wann gab's in Dornbirn auch eine kleine Abwechslung. So besuchten Anton und Heinrich Ulmer mit ihren jungen Frauen am 19. Februar 1877 ein Konzert im »Mohren«, wo die »Carlsbader« aufspielten. Außerdem stand ein Besuch in Feldkirch, von wo soeben eine Ladung Schatzmannscher Seife eingetroffen war, auf dem Programm:

Die Seife haben wir letzten Samstag abends erhalten, wofür wir verbindlichst danken; wir haben jede Sorte redlich geteilt. Nächsten Sonntag werden Heinrich, Marie und ich mit dem 11 Uhr Zuge in unserer lieben alten Heimat eintreffen, dann, liebe Viktor, mußt Du abends mit uns herunter und einige Tage bei uns bleiben. Wir werden das Kanarienvögele von Josef mitnehmen, dann wirst Du auch wieder einer Arbeit überhoben, nämlich der Fütterung des Vogels.

Tone, als wir letzten Samstag, nachdem wir Dich an den Bahnhof begleitet hatten, nachhause zurückkehrten, hätte ich bald Heimweh bekommen. Wenn Du wieder kommst, mußt Du länger bleiben. S'ist bald elf Uhr, muß jetzt dann in die Küche gehen. Wann kommen Albert und Pepi einmal herunter?

NB. Marie kommt heut' Nachmittag zu mir herunter, gestern hatte sie eine Putzerin, ich nehme sie nächste Woche.

Den Gedankenaustausch mit ihrer Schwester Tone, mit der sie bisher fast immer zusammengewesen war, vermißte Senze schon sehr. Und der Tone ging's genauso, obwohl mit der Post immer wieder ausführliche Nachrichten aus Dornbirn kamen:

Soeben bin ich fertig mit der Arbeit. Bin nämlich gegenwärtig noch allein. Rese war gestern hier und wäre, wenn ich's positiv verlangt hätte, auch sogleich eingestanden, äußerte jedoch den Wunsch, wenn ich's ihr erlaube, möchte sie bei Gelegenheit des Platzwechsels noch ihre Verwandten in Lindau besuchen, möglicherweise ihre Eltern in Schönau. Ich gestattete ihr's natürlich; jetzt kommt sie entweder morgen abends oder Montag vormittags. Sie erzählte gestern, sie sei 5/4 Jahre in Zams gewesen und beim dortigen, damaligen großen Brand heimgegangen. Dann war sie noch in einem Institute und dann längere Zeit in München bei Verwandten. Jetzt ist ihr Eintrittstag präzis einen Monat nach unserer Hochzeit.

Für Deinen letzten Brief meinen aufrichtigsten Dank. Armes Mädchen! oder eigentlich, arme Mädchen! Du und die Viktor! Ihr dauert uns sehr, daß Ihr Euch noch nicht besser in das vereinsamte Leben gewöhnen könnt, wir begreifen wohl, daß es oft sehr langweilig sein muß für Dich, liebe Tone, wenn Viktor der Hausarbeit nachgehen muß und Du dann stundenweis ganz allein im Zimmer draußen sein mußt. Doch höre, Du hast im Plane, einen in Filetstoff eingenähten Teppich zu machen; ich an Deiner Stelle finge diesen an, da hast Du zu zählen und zu denken, gewöhnst Dich dadurch leicht in Deine jetzige Lage und kommst umso eher zu einem so wertvollen Stücke, das Dich zeitlebens freuen wird. Sollten wir vielleicht das von Dir dazu bestimmte Muster hier haben, mach's uns zu wissen, daß wir Dir's durch Albert und Pepi (die nächsten Samstag oder Sonntag hoffentlich eintreffen werden, was uns herzlich freut) hinaufsenden können. Soeben erhielt ich noch Besuch (Anton ist im Mohren): Carl Feuerstein, gab ihm das Stammbuch-Album zur Unterhaltung und ich schreibe vorwärts. Marie und ich sind jetzt gottlob gut angewöhnt, haben auch bereits gar kein Heimweh mehr. Es vergeht zwar keine Stunde, in der ich nicht an meine theuren Angehörigen dächte, aber jetzt stimmt mich der Gedanke an die Heimat nicht mehr so wehmütig und melancholisch, wie die ersten drei Wochen, in denen ich, offen gestanden, hie und da, besonders an Abenden, ein Heimweh hatte, das für mich schmerzlicher war, als eine leibliche Krankheit.

Jetzt, nach einer monatlichen Erfahrung, kann ich sagen, daß ich wirklich glücklich verheirathet bin. Anton hat einen edlen Sinn und ist die Güte selbst, ich habe an ihm einen in jeder Beziehung aufmerksamen Beschützer.

Wir bekommen eine Nähmaschine, sobald wir wollen, an Ostern gehst' mit uns herunter, nicht wahr, Tone? Wir richten dann zuerst die gelben Kleider und beraten uns dann wegen neuen.

Der Besuch von Viktor hat uns herzlich gefreut, von der geriebenen Gerste habe noch einmal, bin sehr froh darum. Mittwoch machte bei Frau Hollenstein Besuch, gestern bei Koflers. Donnerstag hatte die Putzerin, gestern nach dem Nachtessen waren wir im Oberdorf, kamen erst um halb elf Uhr heim. Marie hat heut bei Herrn Pfarrer Fink gebeichtet, ich konnte nicht gehen, weil ich noch allein bin.

Der graue Alltag begann sich breit zu machen. Dann und wann Besuche im Oberdorf, Todesfälle, die für Gesprächsstoff sorgten, oder Hausiererinnen, die in die Wohnung kamen. Senze an Viktor, Albert und Tone:

Soeben (sieben Uhr abends) komme vom Oberdorf herab. Wir unterhiel-
ten uns sehr gut. Die Mutter, Marie und ich, auch Lorenzes Paulina, Frau
Adjunkt und Rosele kamen. Gegenwärtig sind wir in Trauer, als Verwandte
von der Sofie. Die arme, junge Frau! Wer hätte das gedacht? Bei der Hochzeit
noch so lustig! In ihrer Fieberphantasie habe sie oft wegen den Hochzeitsprä-
senten, die sie uns bringen oder schicken wolle, gesprochen. Heute, als der Zug
um neun Uhr ankam, wurde die Leiche von dort mit Geistlichkeit und Volk
abgeholt und zum Friedhof begleitet. Anton, Albert Huber und der Wielath
kamen mit herunter, sie besuchten Marie und mich.

Heute war auch die Schrunser Hausiererin eine ganze Stunde hier, kaufte
ihr aber nichts ab, weil mir nichts gefiel, ebenso das Lustenauer Weib mit
leinenen Bändeln, nahm ihr für 20 Kreuzer ab; sie geh' nächsten Dienstag
wieder nach Feldkirch.

Am 5. März (1877) ist Rese, unser Dienstmädchen, eingetreten. Im Gan-
zen genommen sind wir mit dem Mädchen zufrieden, es gibt wohl dies und
jenes an ihr zu korrigieren, sie ist halt jung, aber willig und gehorsam.

Heute beerdigte man auch Thomas Spiegel, Kreuzwirts Sohn, den erklär-
ten Bräutigam der Emilie Rüf. Sofie Leinert hatte eine große, schöne Leiche,
was in Feldkirch schwerlich der Fall gewesen wäre. Der Leinert bleibt, so viel
ich hörte, hier bei Hubers, ebenso das liebe arme Augustle.

Der Tod der jungen, vierundzwanzigjährigen Sofie Leinert, die eine
Tochter des Schlossers Martin Huber und der Annemarie Rhomberg, also
eine Nichte von Anton Ulmers Mutter war, machte Senze tief betroffen.
Blutsverwandt war sie mit Hubers zwar nicht, sonst hätte sie den Anton wohl
kaum geheiratet, doch zwei Schwestern ihrer Mutter waren mit zwei Brüdern
des Schlossers Martin Huber, Söhnen des Dornbirner Schlossers und Mohrenwirts Franz Anton Huber, verheiratet. Die eine, Katharina, geb. Vögel,
lebte als Witwe des Eisenhändlers Johann Georg Huber, dem die nunmehr
Schatzmannsche Metallwarenfabrik F. A. Huber & Sohn in Nenzing gehört
hatte, in Feldkirch. Die andere, Genovefa, geb. Vögel, hatte gemeinsam mit
dem 1859 verstorbenen Johann Jakob Huber das Gasthaus »Rößle« mit
angeschlossener Bierbrauerei geführt, hatte sich nach Hubers Tod in zweiter
Ehe mit dem ehemaligen Lehrer Eduard Wielath vermählt und waltete als
Feldkircher Rößlewirtin nach wie vor ihres Amtes.

Senze versuchte, die Traurigkeit abzustreifen, an erfreulichere Dinge zu
denken, was ihr allerdings nicht so auf Anhieb gelang:

Der Zweck meines Schreibens ist hauptsächlich, Euch zu bitten, dem Pepi
und Josef Briem zu ihrem bevorstehenden Namensfeste von uns allen die

herzlichsten Gratulationen zu entrichten. Der Besuch von Pepi und Albert hatte uns sehr gefreut, er war aber wirklich zu kurz. Freundlichen Dank für die übersandten Geschirrflecke, habe einen in die Küche gegeben. Morgen muß Rese zum erstenmal das Wohnzimmer putzen.

Soeben spielt Koflers Lina wieder kräftig Klavier. Wir freuen uns auf Ostern, wo Du, Tone, dann mit uns heruntergehst. – Gestern ging ein Örgelemann herum und spielte so melancholische Lieder. Wenn ich mich nicht schon so gut in Dornbirn angewöhnt und in meine jetzigen Verhältnisse hineingelebt hätte, hätte ich ernstlich Heimweh bekommen können.

4

Luise Schatzmann freute sich auf den Sommer. Ihren zwölften Geburtstag wollte sie in Dornbirn feiern, bei ihren großen Schwestern Marie und Crescentia Ulmer, die auch ihren Bruder Friedrich eingeladen hatten. Schon im Mai arbeitete sie im Internat an schönen Geschenken, mit denen sie in Dornbirn gut anzukommen hoffte. Die Marie sollte einen Wandkorb bekommen und die Senze ein arbeitsaufwendiges Sofakissen, das eine auf einem Polster sitzende, mit einem Knäuel spielende Katze zierte.

Dornbirn im August. Hundstage. Ein Tag heißer als der andere. Da mußte man einfach hinaus in die herrliche Umgebung. Am Montag, dem 6. August 1877, stand ein Besuch des Bades Kehlegg auf dem Programm, den Luise am folgenden Tag in einem ausführlichen, an Viktor und Tone in Feldkirch gerichteten Brief schilderte:

Gestern waren wir im Bade Kehlegg. Um halb drei Uhr gingen wir hinauf, es waren unser sieben, Marie und Heinrich, Senze, Lorenz Ulmer und seine Frau, der Friedrich und ich, um acht beiläufig kamen wir wieder in Dornbirn an.

Viele Männer spielten auch mit den Kegeln. Da kam es vor, daß zwei Männer miteinander zu streiten anfingen, so daß der eine dem anderen sieben Wunden mit einem geschliffenen Messer gab. Sechs im Gesichte und eine auf der Achsel.

Etwa eine halbe Stunde darauf kam ein Gendarm und untersuchte die Wunden, da auch der Arzt gerade droben war. Derjenige, welcher geschlagen wurde, durfte, nachdem der Arzt ihm die Wunden verbunden, fortziehen, weil er daran, so viel ich weiß, gar keine Schuld hat. Der andere hatte sich bald, nachdem er ihn geschlagen hatte, aus dem Staube gemacht, wird jetzt aber aufgesucht werden.

Die eigentliche Ursache, warum ich Euch heute dieses Briefchen schreibe, ist, Euch um die Erlaubnis zu bitten, noch acht Tage mehr, also drei Wochen hier bleiben zu dürfen. Wir hoffen auf baldige Antwort und einen langen Brief. Es wird dann mit uns auch jemand kommen; entweder die Senze oder Marie alleinig, vielleicht aber beide mitsammen. Alle sind immer gesund und fröhlich.

Crescentia fügte noch einige Zeilen hinzu:

Meine Lieben! In einem der letzten Briefe meldete mir Tone, daß Viktor so freundlich wäre und uns, wenn ich's wünschte, Augusteier kaufen würde. Ich bitte Dich nun, mir diese Gefälligkeit zu erweisen und ca. hundert Eier zu kaufen, da sie in Feldkirch billiger als in Dornbirn sind und Du die Leute kennst, bei denen Du sicher frische bekommst. Zum Transport kann man sie in Schachteln verpacken.

Laßt die Kinder drei Wochen hier, sie genieren gar nichts und unsere lieben Gatten haben durchaus nichts dagegen, Marie und ich werden wahrscheinlich mit hinauf kommen.

5

Heut' war wieder großer Herbstmarkt, auch der Darthe von Landeck war wieder hier und hatte den ganzen Tag am meisten Leute. Kathrina tritt nach Allerheiligen aus. Letzten Sonntag kam Frau Schmied Bleile, die bei einer Leich hier war, einen Sprung zu uns, richtete Grüße von ihrer Tochter aus, da sagte ich ihr, Marei könne so Ende Oktober eintreten, wenn ich ihr nicht vorher noch anders berichten lasse (sie kommt vielleicht vorher noch selbst einmal herunter). Aber, wenn Du so gut wärst, könntest ihr sagen, sie könne bis 3. oder 4. November eintreten, da Kathrina bis dann noch gerne hier bleiben möchte.

Das erste Dienstmädchen, die Rese, hatte es also nicht lange ausgehalten in Dornbirn, aus welchen Gründen immer. Die Kathrina ging nun ebenfalls und mit der Marei wurde es auch nichts. Allerheiligen war vorbei, und Senze deckte sich für den Winter ein. Sie und ihre Schwester Marie kauften beim Winder Hausjacken:

Sonst kaufen wir für den Winter nichts, als Sonntagshüte. Marie richtet ihren Werktagsmantel zu einem Sonntagsmantel und kauft zur Verzierung ringsum Pelzstreifen, und ich nehme, wenn's einmal kalt ist, auch den

*Werktagsmantel am Sonntag. Sie sind ganz hübsch mit der Pelzverzierung,
nur die Ärmel muß ich etwas ändern, da sie mir zu kurz sind.*

So bescheiden fiel der Wintereinkauf nicht zuletzt wegen der Schwangerschaft aus. Senze war im neunten Monat, Marie im fünften. Und da es mit Paulina, dem neuen Dienstmädchen, nicht so recht klappte, kam die gute Viktor von Feldkirch herunter, um der Senze beizustehen, die am 26. November 1877 im Ulmerhaus in der Dornbirner Marktstraße ein Mädchen zur Welt brachte, das Mariele.

Zwar verlief alles ohne Komplikationen, doch Senze war trotzdem recht mitgenommen und kam erst langsam wieder zu Kräften. Vier Tage nach Nikolaus ging's wieder einigermaßen, so daß die Viktor nach Feldkirch zurückfahren konnte, nicht ohne sich zuvor ausführliche Berichte über den jeweils neuesten Stand der Dinge auszubitten. Zwei Tage später, am 12. Dezember 1877, löste Senze das Versprechen ein und schrieb einen langen Brief an Viktor und Tone:

*Nun die Erlebnisse in diesen zwei Tagen. Montag abends, nachdem Viktor
fort war, habe noch gelesen bis ca. neun Uhr, dann ins Bett. Die erste Nacht
war ordentlich gut, etwa viermal mußte ich aufstehn. Den andern Morgen
halb acht Uhr aufgestanden, das Schlafzimmer aufgeräumt, das Kleine gebadet und geordnet, bis ca. neun Uhr. Während dem kamen Marie und Paulina,
letztere schaute mir beim Baden zu, was Marie sehr ärgerte.*

*Das Baden ging heut' schon ganz gut, wegen ertrinken fürcht' ich mich
nicht mehr. Gestern Mittag kochte mir Paulina ein ordentliches Griesmüschen, und heute habe mit den andern zu Mittag gegessen, Erbsensuppe,
gebachenen Reis und warmen Wein. Gestern nach Tisch, Nachmittag, machte
einen Schlaf. Da kam ein Mädchen um einen Platz fragen. Sie sei in Bregenz
bei Bauersleuten, die Frau sei so interessiert und versteck' ihr das Brot, drum
woll' sie fort, je eher, desto lieber. Mir gefiel sie aber auf den ersten Blick
nicht, sie hat so ein freches Aussehen. Ich schickte sie zu Kirchbergers, sie soll
dort fragen. Als sie von uns fort über den Platz ging, begleitete sie ein junger
Bursch. Gott sei Dank daß ich sie gleich abschlägig beschied. Wenn man schon
eine hat, die man lieber anders hätte, ist man mit der Anstellung einer
anderen vorsichtig.*

*Die letzte Nacht schlief das Kleine nicht extra, von zwölf Uhr an bis am
Morgen weinte es zwar nicht immer, aber viel, es hatte Grimmen. Anton
hörte es bisher jedesmal. Heute Vormittag kamen Frau Fuchs und die
Mohrenwirtin. Sonst schläft das Kleine den ganzen Vormittag und heute
weinte und schrie es, so lang die da waren. Ich gab ihm nachher Thee und*

dann ein Kindsmüsle, probierte zuerst mit dem Löffele, es ging aber nicht, dann mit dem Mammele, nachher hat es alles gebrochen, mußte es ganz anders anziehen. Nachmittag hat es geschlafen, abends noch einmal gebrochen, mußte wieder Hemdchen wechseln, und jetzt ist's im Bettle und schläft.

Marie kommt immer am Vormittag herunter, sie hat mir gestern Nudeln von drei Eiern gemacht. Bezüglich der Magd ist's recht, wenn Du Dich bei Frau Fenkart und vielleicht auch bei Berchtolds Regina erkundigst; wenn sie wegen zu langsam sein entlassen wurde, will ich lieber zuwarten bis eine ausfindig gemacht ist, die für unsern Platz paßt. Wenn nur Du kommen und dableiben könntest, Viktor!!! Ich habe heute dem Herzen Jesu etwas zu beten und Veröffentlichung im Sendboten versprochen, wenn wir bald eine Magd bekommen, die aufrichtig, treu, redlich, bescheiden, reinlich und ordentlich in der Arbeit ist und gern daheim bleibt, und bei der man doch selbst Frau im Haus ist, kurz eine, mit der ich bestellt wäre, bis die Karolina da wäre. Heute habe das Chaisendeckele angefangen, Tone, wann kommst Du jetzt einmal herunter? S'Mariele ist schon bedeutend gewachsen, seit dem Tauftag, nicht wahr, Viktor?

Und ein paar Tage später gab's weitere Neuigkeiten aus Dornbirn:

Obschon ich Euch erst Mittwoch abends geschrieben habe, will ich doch heute, da grad Sonntag ist, Euch wieder berichten, wie es seitdem bei uns wieder geht. Wir alle sind gottlob gesund; s'Mariele ist schon so groß, daß ihm das Nachtragkissen bald zu klein wird; es ist im ganzen recht brav, auch bei der Nacht, herumgetragen hab' ich's noch nie. Anton hört's jetzt nur mehr selten. Vormittag schlaft's nicht mehr lang, zu Mittag trinkt's jetzt immer ein Müsle. Anfangs mußte ich recht herb tun, bis ich ihm nur etwas einzugießen vermochte, es weinte und schrie immer und sperrte s'Mäule auf, und dann mußte es erst wieder alles brechen. Jetzt geht's besser, es muß schon noch viel brechen, aber etwas bleibt ihm doch immer noch.

Wäsch braucht's viel mit dem Müsle essen lernen, muß es gewöhnlich über Mittag von Kopf bis zum Fuß frisch anziehen, was nie ohne Weinen abgeht. Grimmen hat's jetzt nicht mehr viel, aber wenn's kommt gewöhnlich am Vormittag und gegen Morgen in der Nacht.

Gestern abends brachte man die neue Wiege, sie ist recht zierlich und nett. Anton bestellte gleich noch gestern das Maträtzele, bis circa Dienstag bekommen wir's auch. Das Wiegen gefällt dem Mariele recht gut, wir benützten's gleich schon die erste Nacht.

Ich bin sehr gut bei Appetit. Morgens bis neun Uhr hab' ich immer zu tun mit dem Kind und dem Schlafzimmer, dann trink' ich hie und da circa zwei

Gläschen Malaga, und Torte dazu; zu Mittag Braten und Nudeln, oder Reis und warmen Wein oder Mus; Nachmittag zwei Schalen Kaffee und ein Brot; abends Suppe, Milch und Brot gewöhnlich; morgens auch ordentlich Kaffee und Brot. Paulina macht sich ganz ordentlich, gegen alles Erwarten; ich bin gut zufrieden mit ihr, wenn sie so vorwärts macht. Wegen einer andern Magd frage jetzt nicht mehr nach, Viktor; wenn man grad gelegentlich einmal von einer recht Ordentlichen etwas hört, kann man dann immer miteinander reden. Jetzt muß ich schließen, die Kleine schreit.

6

Weihnachten und Neujahr waren vorbei, und in Dornbirn wurde die Tone erwartet, die auf Dreikönig einen Besuch bei ihren Schwestern und ihrem Patenkind, dem Mariele, angekündigt hatte. Sie kam jedoch nicht, deshalb schrieb ihr Senze, fragte was los sei und wiederholte ihre Einladung:

Du kennst unsere liebe Kleine gar nicht mehr, so hat sie sich verändert seit dem Tauftage (morgen sechs Wochen). Sie gleicht in unser Geschlecht, manche sagen, sie gleiche ganz mir, aber s'Näsle hab's vom Anton. Es ist gottlob ein gesundes, braves, liebes Poppele, brav bei Tag und bei Nacht, es lacht schon ziemlich viel. Wir alle sind gottlob auch gesund. Heinrich war über Neujahr einige Tage marode und mußte daheim bleiben, jetzt ist er aber wieder wohl und im Geschäft. Ich ging letzten Donnerstag zum erstenmal in die Kirche und gestern mit Anton das erstemal ins Oberdorf. Gestern bestellte Anton ein Chaisele, recht schön, man kann's auch als Schlitten richten. Marie ist schon ernstlich an der kleinen Ausstattung. Mir gibt's mit den Handarbeiten nicht viel aus. Habe drei große Stücke in der Arbeit, die gehäkelten Spenserle, das Chaisendeckele und die Couvert-Decke. Die Tante von Hohenweiler schrieb jeder extra auf Neujahr. Gegenwärtig ist die Kleine am Einschlafen (halb sieben Uhr abends) während dem ganzen Schreiben muß ich sie wiegen. Mit Paulina bin ich ordentlich zufrieden, sie ist fleißig und brav und hat stets einen guten Humor, sie mag das Kind ungemein gern; sie läßt die Viktor freundlich grüßen. Nächsten Montag hat Emile Rüf mit ihrem Knechte Hochzeit. Letzten Samstag taufte man der Frau Base Alberich (Paulina Rüf) einen August. Jetzt weiß ich nichts Neues mehr und schließe daher mit vielen freundlichen Grüßen von uns allen an Euch alle und in Erwartung Deines recht baldigen Besuches (bring recht viele Neuigkeiten mit, interessiert uns alles, was von Feldkirch kommt) und verbleibe in alter Liebe Deine Dich recht herzlich liebende Schwester Senze mit dem lieben Mariele, Deinem Pathchen.

Im Frühling, am 23. März 1878, bekam Marie Ulmer ihr erstes Kind, den kleinen Carl. In den ersten Wochen nach der Geburt stand die junge Mutter am Rand des Grabes, und erst am 29. April 1878 konnte Senze, die damals schon wieder auf der Suche nach einer neuen Magd war, von einer leichten Besserung nach Feldkirch berichten:

Marie hatte es Samstag und Sonntag etwas besser, heute wieder minder; der Arzt erklärt sie jetzt doch außer Gefahr. Gestern ging ich im neuen Anzug hinauf, er gefiel ihr sehr gut und sie wollte das nämliche machen lassen, aber ich erfuhr heute bei Winders, daß dieser Stoff ausgegangen sei.

Bezüglich der neuen Magd danke für Deine Bemühungen, die Hanna würde mir schon auch gut gefallen. Jeden Dienstag kommt eine Eierhändlerin von Bregenz in den Hirschen, die Mägde hin und herbestellt, morgen werde noch nicht reden mit ihr, vielleicht wißt Ihr bis nächsten Dienstag Auskunft wegen der Hanna.

Heute hatte Koflers Agath Hochzeit mit einem sechzigjährigen kinderlosen Witwer in Dornbirn. Heute bin ich wieder um fünf Uhr aufgestanden, habe den ganzen Vormittag Wäsche zusammengerichtet, Nachmittag gebügelt. Jetzt ist's dreiviertel neun Uhr, muß schließen, sollte noch viel flicken, werde morgen Vorhänge stärken, und habe noch etliche gerissene. Frau August Rhomberg begegnete mir heute, sagte aber nichts vom Filetstoff, sie hat denselben gewiß vergessen, bis sie ihn wieder in die Hände bekommt. Antonie, vergiß die Novene nicht!

Obwohl eine leichte Besserung eingetreten war, machten sich alle große Sorgen um Marie. Senze am 1. Mai 1878 an ihre Geschwister:

Heute muß ich mich kurz fassen, es ist schon dreiviertel neun Uhr vorbei. Habe heute Nachmittag bis abends viertel über acht Uhr gebügelt und jetzt noch Wäsch eingespritzt auf morgen. Gestern abends waren Anton und ich etwa eine Stunde bei der Marie droben. Gestern und die vorhergehende Nacht hatte sie's nicht gut, heut' aber wieder ganz ordentlich, sie darf jetzt reden, wir erwarten daher Besuch von daheim. Appetit hat sie auch wieder, obwohl man ihr noch das Essen eingeben muß, so schwach ist sie, aber man mußte sie so abschwächen; Dr. Schmied sagte, die Blutegel haben ihr das Leben gerettet. Morgen geht Anton nach Egg auf den Markt, Heinrich kommt ins Geschäft, was er sonst bisher noch nicht konnte, ich gehe den ganzen Nachmittag hinauf. Laßt auch wieder bald was von Euch hören und kommt selbst bald!

Gleich in den nächsten Tagen machte Pepi in Dornbirn Station, um seiner ältesten Schwester persönlich gute Besserung zu wünschen. Josef Schatzmann war damals unterwegs nach Deutschland, um praktische Erfahrungen zu sammeln, die ihm beim Ausbau der Metallwarenfabrik in Nenzing zugute kommen sollten. Senze, die immer noch keine neue Magd hatte, freute sich über den Besuch und verpaßte dem jüngeren Bruder eine maßgeschneiderte Geldtasche:

Marie geht's immer noch nicht gut. Heut' haben sie Heinrich und ich einmal durch alle drei Zimmer geführt. Jetzt darf sie Vor- und Nachmittag im Lehnsessel sein. Heute Vormittag war sie eineinhalb Stunden und Nachmittag drei Stunden dort; sie ist ungemein schwach, hat den einen Tag Schmerzen und den andern wieder etwas besser.

Pepi reiste heute mit dem 9 Uhr Zuge ab, ich machte ihm gestern Abend noch ein Säckchen zu den Goldstücken, das er um den Leib binden kann.

Bisher weiß ich noch nichts Bestimmtes von einer neuen Magd, die besagte Eierhändlerin sagte mir von einer, die gegenwärtig in Ems ist, aber wie sie glaubt erst auf Jakobi aufkünden kann; nächsten Dienstag werde näheres darüber erfahren. Wißt Ihr auch noch nichts von einer Ordentlichen? Kommen vielleicht Luise und Tone bald herunter?

Ich hab' immer die Spitzle noch nicht bekommen, sobald die Kleine das Kleidle hat werde ich mit ihr hinaufkommen. Jetzt ist's neun Uhr vorbei, jetzt fang ich noch an nähen, bis ca. elf Uhr. Bin heute um fünf Uhr aufgestanden, Hemden stärken, dann den halben Tag gebügelt, heut' Abend wieder gestärkt, morgen 5 Uhr fang' ich an bügeln. So, jetzt gute Nacht! Schlaft wohl!

7

Josef Schatzmann hatte große Pläne. Er wollte etwas machen aus der alten Schatzmannschen Pfannenfabrik in Nenzing, wollte sie auf den neuesten technischen Stand bringen, und nahm größte Strapazen und schwerste körperliche Arbeit auf sich, um seinen Beruf im wahrsten Sinn des Wortes von der Pike auf zu lernen.

Zunächst ging er nach Ohrdruf bei Gotha, von wo aus er am 14. Juli 1878 einen ausführlichen Bericht an seine »lieben Schwäger«, an Anton und Heinrich Ulmer, sandte:

Wir Ihr seht habe ich meinen Aufenthalt hier verlängert und das aus dem Grunde, weil ich erstens noch keinen andern Posten gefunden, zweitens weil es mir jetzt etwas, aber nicht viel besser gefällt, als im Anfang. – Die Arbeit ist fortwährend sehr streng, und haben wir beim kleinen Hammerwerk schon zwei Wochen Nachtdienst gehabt, vergangene Woche ebenfalls, was gerade nicht angenehm ist. Es ist mir sehr auffallend, daß ich von zuhause trotz wiederholtem Schreiben noch keine Antwort, nicht das geringste Lebenszeichen erhielt, dies scheint mir im Grunde verdächtig, und weiß ich nicht, was ich davon halten soll. Ich bin auf diese Art über den Geschäftsgang völlig im Unklaren und auch über die im Geschäfte beschäftigten Persönlichkeiten. Daher ersuche ich Euch, bei Gelegenheit über die Ursache dieses Stillschweigens Recherchen anzustellen.

Vor vierzehn Tagen, am Sonntag nach Peter und Paul, ward ich in Gotha und auch in der katholischen Kirche; Ihr seht, daß ich auch noch Christenthum im Leibe habe. Diese Kirche, auf Meilen die einzige katholische, ist klein, etwa wie die Kapuzinerkirche in Feldkirch, eher noch kleiner; auch ward der Gottesdienst nicht gut besucht, überhaupt machte der ganze Vorgang auf mich den Eindruck, wie wenn etwa in den ersten Jahrhunderten die Christen in den Katakomben ihren Gottesdienst abhielten. An Peter und Paul, welches Fest bei den Protestanten nicht gefeiert wird, arbeitete man allenthalben, aber ich nicht, denn ich ward an besagtem Tage krank und hütete fast den ganzen Tag das Bett; wahrscheinlich hätte ich mich sonst krank gestellt.

Nächsten Sonntag (21. Juli 1878) ist hier in Ohrdruf Gewerbeausstellung, die vierzehn Tage dauert und von allen Gewerbetreibenden hier beschickt wird und auch viele Fremde anziehen wird. – Die Stadt hat etwa 6000 Einwohner, ist die Endstation der Bahnlinie Gotha-Ohrdruf (Thüringerbahn) und besitzt eine sehr schöne und interessante Umgebung, verschiedene Bäder und Kurorte, wie Louisenthal, Georgenthal etc. Die Geschäfte florieren in dieser Gegend, und man merkt gar nicht, daß man in schlechten Zeiten lebt. Für einen Geschäftsfreund, ebenso Naturfreund, besitzt diese Gegend unstreitig viel Interessantes; so ist Schmalkalden nur ca. drei Stunden von hier entfernt im Hessischen, dann Bad Reinhardtsbrunn, das der Herzog von Sachsen-Coburg-Gotha jährlich mit seinem Besuche beehrt, und schöne Naturpunkte gibt es die Menge. – Allein, wenn ich anderswo einen Platz finde, so gehe ich hier doch gerne weg. Ich schrieb an drei Orte und erwarte noch einen Brief. Sollte ich auch von dieser Seite abschlägigen Bescheid erhalten, so wäre es nicht ohne, daß ich nochmals auf die Wanderschaft ginge, bloß weiß ich noch wegen der Richtung nicht, die ich einschlagen werde, vielleicht Böhmen, vielleicht Westfalen. Deshalb jedoch haltet mit einer baldigen Gegenantwort nur nicht zurück, denn sollte ich auch abgereist sein, wenn ein Brief ankommt, so

werde ich denselben doch erhalten, da ich meine bezüglichen Ordres zurück-
lassen werde.
Ich hoffe, daß Marie sich in Übersaxen mit Antonie und Luise gut erholt.

Während sich ein Teil der Verwandtschaft in Übersaxen erholte, hielt
Senze in Dornbirn die Stellung. Dafür gab's dann im August etwas Abwechslung, zunächst die Volksmission und dann ein großes Konzert:

Die Mission dauerte zehn Tage, täglich vier Predigten. Pater Ehrensberger
war Direktor der Missionäre, ich glaub' fünf Jesuiten waren hier, zum
Beichthören auch ein Kapuziner und einer oder zwei aus der Mehrerau, auch
die Hiesigen von allen Vierteln hörten Beicht ...
Diesen Monat noch hat Doctor Herburger Hochzeit mit einer Tochter des
Doctor Schmidt. Nächsten Sonntag ist hier großes Concert, die Schöpfung.
Kommt vielleicht jemand herunter?
Hanne ist fleißig, aber die Arbeit geht ihr langsam vonstatten, wenn ich
mir die Viktor vorstelle zum Beispiel beim Waschen und die Hanne dagegen
— — aber sonst bin ich zufrieden mit ihr.

8

Das Jahr 1879 begann vielversprechend. Senze brachte einen Sohn zur Welt.
Otto sollte er heißen und mit zweitem Vornamen Adam. Ein Stammhalter.
Anton war stolz. Ein großer Tag. Alle mußten benachrichtigt werden, die
ganze, weitverstreute Verwandtschaft, die mit Glückwünschen nicht sparte.
Auch Pepi, der inzwischen in Kupferdreh gelandet war, stellte sich mit einem
Gratulationsbrief ein:

Lieber Schwager Anton! Dem werthen Schreiben vom 18. Januar laufen-
den Jahres von meiner Schwester Marie entnahm ich zu meinem Erstaunen
die glückliche Niederkunft eines Knaben, womit Dich Deine Frau erfreute. –
Ich gratuliere Dir von Herzen zu diesem Familienfeste und hoffe, daß sich
meine Schwester Senze mit ihrem Kleinen gesund und wohl befindet. – Bei
diesem Anlasse zeige ich Dir an, daß ich anfangs März hier abreise und
langsam gen Süden steuern werde. Da ich gut bei Cassa bin, so reise ich
selbstverständlich mit Muße und will mir das Leben schön machen.
Zu meinem Bedauern vernehme ich, daß meine ferne Verwandte Barbara
Zimmermann, die Schwester des Herrn Pfarrer in Oberdorf, das Zeitliche
gesegnet hat.
Hier im Kupferwerk geht das Geschäft ziemlich gut und ist das Lager gar

nicht bedeutend; in dem bei Kupferdreh gelegenen Hochofen »Phönix« ist aber seit Neujahr der Absatz sehr gering, so daß in Bälde das Werk auf etwa drei Monate kalt gelegt wird. Es soll einen Vorrat von ca. 2 Millionen Kilo Roheisen lagern.

In den nächsten Monaten kam Senze nicht zum Schreiben, erst am 7. Mai 1879 griff sie wieder zur Feder, um ihren Geschwistern einige Neuigkeiten mitzuteilen und für das Patengeschenk zu danken:

Hätte das Schreiben überhaupt bald verlernt, so selten nehm ich eine Feder in die Hand. Heut ist's auch schon bereits neun Uhr. Ich hatte die Tage ziemlich viel zu tun mit bügeln, wir hatten letzten Mittwoch und Donnerstag eine große Wäsch. Ich habe seit einigen Tagen die große Couvert-Decke auf den Betten, sie nimmt sich recht gut aus, sie freut mich. Wir alle sind gottlob gesund, was bei Euch wie ich aus dem gestrigen Brief ersah, auch der Fall ist. Ich glaube gar, wir haben uns für das Patengeschenk noch gar nicht einmal bedankt. Nun nachträglich noch im Namen des kleinen Otto den herzlichsten Dank dafür.

Der Kleine wird am Sonntag ein Vierteljahr alt, man kann ihn ganz gut aufrecht tragen, er gibt nicht so viel Arbeit, wies Mariele in dem Alter gegeben hat, er hat in der Regel ein gutes Humörle und lacht, wenn man mit ihm spricht, er bekommt kein Müsle, nur Eichelkaffee mit Milch und Zucker drein. Auchs Mariele trinkt in der Regel täglich sieben bis acht Mammele voll Eichelkaffee, sie ißt nicht viel anderes, sie trinkt am liebsten den Kaffee, wenn sie einen will, sagt sie »durle«. Sie ist lustig und oft recht übermütig, springt den ganzen Tag herum, sie hat jetzt zwölf Zähnle, vier Stockzähne und acht andere; sie ginge immer gern hinaus spazieren, wenn nur das Wetter einmal anders und wärmer würde! Bisher haben wir noch bereits jeden Tag heizen müssen. Ich hab im Sinn, entweder nächste Woche oder die Woche vor Pfingsten mit dem Mariele nach Feldkirch zu gehen.

Dort hoffte sie wieder einmal ihre jüngeren Geschwister zu sehen, auch den Friedrich, der damals in der Stella Matutina war und nur selten Ausgang bekam:

Heinrich sagte, Ihr holtet nächsten Dienstag den Friedrich wieder (darf er den Monat zweimal heraus?). Am Dienstag kann ich leider auf keinen Fall kommen, da hier Maimarkt ist. Es würde mich wohl freuen, wenn ich den Friedrich daheim träfe, aber da das Wetter gegenwärtig immer so unbeständig ist, dürft Ihr unseretwegen nicht bis Donnerstag warten mit ihn holen. Vor nächstem Donnerstag kann ich nicht; wenn Donnerstag oder Freitag ordent-

lich Wetter ist, am ersten schönen Tag, ich werd's dann mit einer Karte
anzeigen. Ich muß dem Mariele noch ein Kleidle machen, s'Hütle richten und
Strümpfle stricken und morgen Vormittag noch Wäsch flicken. Lins Male sei
schon zweimal in Dornbirn gewesen, ich hab sie nicht gesehen.
Hanne will über Pfingsten heiraten. Ich muß heut noch der Hanna am
Amberg einige Zeilen schreiben, wenn sie eintreten kann. Hanne reut mich
dazu, wir sind jetzt so gut aneinander gewöhnt.
Warum seid Ihr nicht zum Veteranenfest gekommen? Wo man bei uns
alles so gut gesehen hat. Kathrin von Altenstadt war auch hier. Jetzt will ich
schließen, es geht schon auf zehn Uhr, und ich bin schon schläfrig.

Nach einem unbeschwerten Sommer mußten Anton und Crescentia
Ulmer einen Partezettel drucken lassen. Gott dem Allmächtigen, schrieben
sie, habe es in seinem unerforschlichen Ratschluß gefallen, ihr innigstgeliebtes
Kind Otto nach kurzem Leiden zu sich in ein besseres Jenseits zu rufen, die
Beerdigung mit darauf folgendem Gottesdienst finde am Mittwoch, dem
10. September 1879, um halb sieben Uhr früh statt.

Senze war wie gelähmt. Wäre da nicht das lebhafte Mariele gewesen, das
viel mit dem kleinen Carl – dem Sohn von Heinrich und Marie Ulmer –
spielte, wäre sie noch schwerer über den Tod ihres Kindes hinweggekommen.

Nikolaus stand vor der Tür und Senze raffte sich endlich wieder einmal
dazu auf, nach Feldkirch zu schreiben:

Die Großmutter kauft ihren Enkelkindern viel und schönes Spielzeug und
Kleider. Mariele hat letzteres schon im vorhinein bekommen, blau und
schwarzkarierten Flanell, das sie auf der Photographie anhat. Ich hab' ihr
mehrere Spielsachen schon im vorhinein auf Nikolaus gekauft und schon
gegeben, sie hat aber auch mehreres davon schon zerrissen.
Letzten Sonntag war die erste Generalversammlung vom Elisabethen-
Verein, Frau Kofler ist Präsidentin von ganz Dornbirn. Marie, Paulina und
ich sind auch beigetreten. Koflers Paulina ist jetzt wieder auf, sieht aber noch
sehr schlecht aus.
Hanna und ich haben's recht nett und lustig beieinander; gebe Gott, daß
es recht viele Jahre so bleibe. Wir alle sind gottlob recht glücklich und gesund,
was ich auch von Euch hoffe. Carl und Mariele plaudern etwas, aber noch
nicht viel. Carl bekommt jetzt die Augenzähne, drei sieht man schon,
s'Mariele hat sie schon lang. Der liebe kleine Otto könnt' jetzt auch schon den
Stieflen nachlaufen, er wär' schon bald zehn Monate, das liebe lustige Kind.
Der einzige Trost bei einem solchen Verluste ist der Gedanke, ein liebes
Engelein (Schutzengele für das Haus) im Himmel zu haben, das gewiß nicht

mehr zurückkehren möchte. Im Sommer freute ich mich immer auf den Winter, wie die kleinen 2 zusammen spielen und sich unterhalten könnten. Otto konnte schon ganz gut sitzen und schon ein bißchen stehen und war ein so gemütliches, stets gut gelauntes Kind, doch der Mensch denkt's und Gott lenkt's.

Alwine sei Braut mit Herr Pfaundler, Adjunkt, ist bald Hochzeit und wo kommen sie hin? Sie hat bald Zeit oder sie verblüht. Von der Tante haben wir schon lang nichts mehr gehört. Dem Andreas zu seinem Namensfeste die herzlichsten Glück- und Segenswünsche von Anton und mir, ebenso von Marie und mir der Grassmayr Liese noch nachträglich. Schließlich viele tausend Grüße von uns allen an Euch alle, Viktor, Karlina, Frau Grießböck, Briem und die uns nachfragen. Auch von Hanna viele Grüße.

Wie geht's sonst? Wird der Briem Stadtschreiber? Kommt bald herunter! Meldet's vorher, daß wir Euch abholen können. Indessen verbleibe Eure Euch stets innig liebende Schwester Senze.

NB. Letzten Montag war hier eine 50-jährige Jubelhochzeit, das Jubelpaar hatte siebzehn, noch lebende zehn Kinder und zweiundzwanzig Enkel. – Noch vom 5. Februar an 47 Jahre, dann können wir auch Jubelhochzeit halten, Tone sei so gut, laß für einen Gulden bei den Kapuzinern für den lieben Vater sel. zwei heilige Messen lesen und trage einen Gulden für mich für die Heidenkinder gelegentlich in den Pfarrhof.

9

Die Kleine ist jetzt immer sehr lustig, sie kann jetzt viel reden aber noch undeutlich. Sie sagt oft Dotta, Lull, Killa (Kirche), detta Billagulla (Silbergulden) und Buckerle macht sie fleißig, daß sie fast den Kopf am Boden anstoßt. Schon einigemale ist sie ganz von selbst im Wohnzimmer zum Ring, wo man die Haustür aufzieht und zieht so viel sie kann daran und sagt »Dotta, Lull«.

An Antons Namenstag überreichte sie dem Papa ein Sträußchen und ein Briefchen mit einem tiefen Buckerle (ich habe ihr die Händle geführt und einige Zeilen geschrieben) und während sie's übergab, sagte sie schon »Pappa Gutta«, Torte wollte sie dafür, Anton hatte eine große Freude mit ihr. Ich machte ihm zum Namenstag eine Rumtorte, sie ist gut geraten.

Letzten Sonntag waren Melk, Himmer und Häusle bei Frau Turnher auf Besuch, sie kamen alle zusammen eine kurze Zeit zu mir, dann ging ich noch etwa eine halbe Stunde mit zu Turnhers, wo ich mich verabschiedete.

Gäste waren im Ulmerhaus immer willkommen, besonders wenn sie aus

Feldkirch kamen und Neues zu erzählen wußten, wie beispielsweise der Geistliche Clessin, der im April des Jahres 1880 aufmarschierte:

Vor vierzehn Tagen hatte ich einen sonderbaren, seltenen Besuch, der geistliche Clessin von Feldkirch war bei mir, bei der Frau Turnher war er über Mittag, dann bei mir, dann bei Frau Kofler, dann wäre er gern noch zur Marie hinauf; aber er mußte leider mit dem Nachmittagzug wieder hinauf nach Ems.

Wie habt Ihr's droben? Es muß mir ein ordentliches Durcheinander sein. Gottlob daß wir zwei so gut versorgt sind. Herr Clessin sagte, Andreas woll' im Herbst heirathen, bis dann könn' Frau Grießenböck im obern Stock bleiben. Koflers Anna fragte letzthin den Heinrich, ob's wahr sei, daß von uns eine mit der Familie hinauf in unser Haus komme?

Dieses Gerede bezog sich auf die Schatzmannsche Vermögensteilung, die damals in vollem Gang war. Senze hatte allerdings in erster Linie die Kinder, ihr Mariele und den kleinen Carl ihrer Schwester, im Kopf und weniger ihren Vermögensanteil:

Carl und Mariele sind gesund und munter; Carl spricht schon ziemlich viel, Mariele bereits alles, aber, wer selten um sie herum ist, würde sie nicht verstehen. Sie ist im Winter ziemlich gewachsen, ich mußte ihr die Sommerkleidle überall größer machen, das neue blaue steht ihr recht gut.

Morgen kommen die Maurer, man bricht den Ofen im Wohnzimmer ab und macht einen neuen Kachelofen, aber schön, der ins Schlafzimmer geht. Dann schlafen wir im Gastzimmer, wohnen im Visitenzimmer und essen im kleinen Zimmerle im ersten Stock, nachher gründliche Räumerei und Putzerei von zuunterst bis zuoberst.

Im Oktober 1880 zeichnete sich langsam ein Ende der Schatzmannschen Erbteilung ab. Senze an Tone:

Heute erhielten wir von Albert eine Anzeige, das Gericht habe den letzten Vorschlag bewilligt – es sollen in Folge dessen wenigstens zwei am Sonntag hinaufkommen. Ich zeige Dir hiermit an, daß Anton und ich Sonntag mit dem zweiten Zug kommen werden. Wegen dem Mittagessen weiß ich nicht, wie's besser ist, ob wir in der Felsenau essen oder in der Stadt, ich möchte der Anna nicht so viel Arbeit machen; und doch wird natürlich in der Stadt die Besprechung sein und Du wirst jedenfalls auch dabei sein. Red' Du mit Albert und Anna, und wenn man heraußen essen müßte, soll sie eine Aushilf

nehmen, sonst wenn Du in der Felsenau ißt, geh' ich mit Dir hinein. Sei so gut,
hol' uns am Bahnhof ab. Indessen sei vieltausendmal gegrüßt von uns allen.

Albert Schatzmann, der das Haus in der Neustadt und die Leimsiede in
Brederis bekam, war seit dem 16. August 1880 mit Anna Hefel verheiratet
und spielte bei der Teilung der Vermögenswerte eine wichtige Rolle. Die in
Dornbirn verheirateten Schwestern Marie und Senze, letztere hatte am
24. Juni 1880 wieder ein Kind bekommen, den kleinen Andreas, erhielten den
Weinberg beim Schlößchen Amberg.

So wie jedes Jahr in der Vorweihnachtszeit, schrieb Senze auch im
Dezember 1880 ausführlich ihrer Schwester Tone:

Habe wirklich gar kein ganzes Briefbögle heroben (Anton ist im Hirschen)
und ich möchte jetzt grad schreiben, weils Kind schläft und daß der Brief heute
noch auf die Post kommt. Du wirst jetzt die Antwort von Marie erhalten
haben? Wegen Äpfeln fragten wir an mehreren Orten, überall zu spät, auf dem
Markt bekäme man noch, aber ziemlich kleine, den Star 1.40. Wenn Du solche
willst, solltest Du bald schreiben, dann werden wir Dir schicken. Wenn Du
zuerst am Thomasmarkt, nächsten Montag, schauen würdest!

Herr Grassmayr ließ durchs Gericht bei uns um das Gehalt von 550 Gul-
den für seine Mühewaltung als Vormund vom Juni 1879 bis Juli 1880
ansuchen, was wir aber natürlich nicht bewilligen konnten, die Brüder
haben's auch abgesagt, weil er's im verflossenen Jahre wirklich nicht mehr
verdiente. Wie geht's bei den Kindern? Wenn nur der Briem ihnen Vormund
wäre!!! Friedrich und Luise werde ich auf Neujahr schreiben.

Herr Briem ließ nichts hören wegen dem Amberg, wenn wir's gut
verkaufen können, werden wir's bei erster Gelegenheit tun. Viktor war am
Freitag bei mir, sie wird wahrscheinlich diese Woche hinaufkommen, der
Mann ist gegenwärtig auf dem Handel, es ist bei ihr immer so im alten, den
hölzernen Mann kann sie nicht mehr ändern ...

Dem Mariele kauften wir auf Nikolaus weißes Pelzle und Schlieferle,
zusammen 260, eine Puppe mit einem Mammele, eine Balle, ein Schaf, ein
Hahn; dem Kleinen nichts. Von der Großmutter bekam Mariele ein weiß und
blau kariertes Sommerkleidle recht nett, eine Puppe, ein Gampfbrünnele,
zwei Geltele, ein Täschle zum Anhängen, zwei Sacktüchle und Eßwaren. Das
Kleine ein dunkelblaues Kleidle, weiß und blaue Strümpfle und Schühle
aneinander und ein Röllele.

Hast Du die Kleidle nicht gesehen, die Gaßners Kinder auf Nikolaus aus
dem Rößle bekommen haben? Dunkelblau und hellblau mit blauer Wolle
teilweise gestickt? Wenn Du sie zu sehen bekommst, schau sie recht an, ich

möcht's dem Kleinen auch ähnlich machen. Alwine sagte, wie sie's machen wollten.

Wenn Du wieder einmal kommst, werd' ich so frei sein, Deine Kunst und Güte in Anspruch zu nehmen, ich werde Dir dann von meiner gestickten Couvertdecke einen oder vielleicht auch zwei Streifen zum Präsent machen, sie ist mir zu breit.

Hörst Du nichts von Andreas, Albert und Pepi? Auf Neujahr werde ihnen wahrscheinlich auch Briefe schreiben und auch, daß sie jetzt bei der Teilung für die lieben theueren Eltern sel. für einen Gulden zwei heilige Messen lesen lassen sollen. Ob ich auf den Jahrtag hinaufkommen kann, weiß ich noch nicht. Jetzt will ich schließen, der Kleine schreit wie wenn er an einem Messer wäre ...

Auf Neujahr schrieb Senze nicht nur ihren Brüdern Andreas, Albert und Pepi, sondern auch wieder der Tone, die sie mit neuen Federn versorgt hatte:

Freundlichen Dank für Deinen Brief, die Federn etc. und die Neujahrs-wünsche, welch letztere von allen Seiten aufs herzlichste erwidert werden.

Wie Viktor sagte, seiest Du der Meinung, Marie komme im nächsten Monat nieder, was erst im Februar, und wahrscheinlich erst Ende Februar der Fall sein wird; wir erwarten Dich daher früher, etwa nach dem Jahrtag; ob ich zu demselben hinaufkommen werde, weiß ich noch nicht. Du darfst nicht mehr schreiben. Du bist zu jeder Stunde herzlich willkommen, aber länger als auf acht oder vierzehn Tage. Viktor behaltet die Kleider jetzt hier, Du kannst sie dann schneiden und dann machen wir's zusammen.

Heut' war ich bei Zimmermanns Senzele, sie hat's nicht gut, sie war zwar auf, sieht aber sehr schlecht aus und ist sehr leidend. Du wirst's hoffentlich mit dem Zahnweh besser haben? Viktor war heut' bei der Marie droben und wir auch, sie vertrennte das braune Kleid von der ersten Frau. Heut' ließ ich s'Mariele in den Kindheit Jesu Verein einschreiben; jetzt ist sie ordentlich, Donnerstag kommt der Doktor hoffentlich zum letztenmal.

Wir haben eine Menge Neujahrskärtchen geschrieben, Donnerstag abends schicken wir sie fort, dem Grassmayr, Briem, Rößle, Gaßner, Huber, Pepi, Andreas, Albert, Tante, Frau Grießenböck. Dem Friedrich und der Luise schickte ich Sonntag Briefe. Bis Neujahr hätt' ich noch viel Arbeit, ich habe einen Kanapeeüberzug in der Arbeit, jetzt hab' ich noch die ganze Rückwand zu überhäkeln.

Jetzt will ich schließen. Nochmals die herzlichsten Neujahrswünsche von uns allen, besonders von mir und Deinen kleinen Pathchen Mariele und Anderle.

Dritter Teil
1881–1883

1

Fasching irrte uns nicht viel, außer am Faschingmontag waren wir auf dem Maskenball. Abends halb acht Uhr gingen wir, wir bekamen schon acht Tage vorher die Einladung, drum konnte nicht mit Dir nach Nenzing gehen, was ich auch sehr ungern tun würde. Du wirst hoffentlich drinnen gewesen sein? und in Erfahrung gebracht haben, daß man im Mai schon zum drittenmal tauft? – – –

Damit spielte Senze auf die vorehelichen Beziehungen ihres Bruders Andreas Schatzmann junior an, der am 10. Jänner 1881 seine langjährige Braut Martina Sprenger, die bereits ihr drittes Kind erwartete, geheiratet hatte. Sie sollen im Sommer zuerst einmal herunterkommen, meinte Crescentia, dann könne man im Herbst einmal hinauf nach Nenzing. Dann kam sie wieder auf den Maskenball zu sprechen:

Auf dem Ball war's sehr nobel, sehr viele maskiert, Herren, Fräulein und mehrere Frauen in verschiedenen Trachten und alles sehr nobel. Die Herren ganz in Seide, Samt, Gold und Silberborten, prachtvoll, die Damen auch sehr schön. Wir unterhielten uns sehr gut mit Zuschauen und blieben bis zwei Uhr morgens. Der ganze Saal (im Casino) war prachtvoll decoriert, Tannen, die Luster und dergleichen mit Efeu umschlungen und in der Höhe alles mit Goldfäden verbunden. Die ganze Nacht wurde getanzt mit Begleitung der Carl Lader Musik, die in einer ganzen Grotte drin waren, davor ein hergerichteter Springbrunnen, in dem ein großer Teil kölnisch Wasser war. Rechts ober der Grotte war ein großes schönes Edelweiß mit einem Lichte dahinter, das Zeichen des Alpenklubs, in einem andern Zimmer war eine Bierkneipe mit lauter altmodischen Möbeln, Spiegel, Leuchter etc. Dort wurde Münchner Bier ausgeschenkt. Wenn Du dagewesen wärest, liebe Tone, hättest auch mit müssen, es war wirklich sehr hübsch.

Ich freue mich sehr, wenn Du wieder herunterkommst. S'Mariele sagt immer, »Gotta soll wieder kommen«. Schreib ihr ein Briefle! Jetzt muß ich schließen, ist schon dreiviertel auf zehn Uhr. Hanna muß noch den Brief auf die Post tun, daß er morgen früh fort kommt.

Es sah gut aus in Dornbirn. Die Eisen-, Metall- und Lederhandlung florierte, und die Zukunft der Firma Gebrüder Ulmer schien gesichert. Marie hatte am 10. Februar 1881 wieder einen Sohn bekommen, den kugelrunden kleinen Rudolf, und Senzes Anderle bekam seinen ersten Sonntagshut:

Heut' nach dem Kaffee sind Anton und ich mit dem Mariele über eine Stunde spazieren gegangen auf einem großen Umweg über Zanzenberg und Steinebach, nachher zu Reins Bier trinken und Brot essen. Ich hatte zum zweitenmal den Regenmantel an, er findet allgemein sehr Anerkennung, dem Mariele geb' ich das Sommersonntagshütle wie es ist am Werktag und kauf ihr ein neues Sonntagshütle und s'Anderle sollte auch noch ein Hütle haben auf den Sonntag und ich muß dann nächste Woche einmal zur Modistin.

Wegen Gutenberg können wir immer noch schreiben, die Post fährt nach Lustenau, ob sie nach den Schweizer Bahnen geht, weiß ich noch nicht. Wenn wir in der Woche nach dem weißen Sonntag gingen? Rhombergs Emilie habe erst am Donnerstag nach Ostern Hochzeit und die möcht ich sehen; wenn man etwa nicht in einem Tag wieder heimkäme, wär's nicht möglich.

Daß Hefels Marie nach Übersaxen geht, freut mich. Ich weiß ihr wirklich nicht, was schreiben. Ich komme vielleicht bald einmal nach Feldkirch, dann werde mündlich die Sache mit ihr besprechen.

Über die Besuche von Senze freute sich Tone, die schon in jenen Jahren der ruhende Pol der Schatzmannfamilie war, immer ganz besonders. Im Frühling 1881 brauchte Antonie, die sonst immer den anderen helfen wollte, selbst Hilfe. Sie benötigte Geld, da ihr Bruder Albert im Zusammenhang mit dem Aufbau einer eigenen Existenz alle ihm zustehenden Geldmittel flüssig zu machen suchte. Senze vermittelte, und Anton Ulmer stellte seiner Schwägerin den benötigten Betrag zur Verfügung:

Liebe Schwägerin Antonie! Wie mir Senze bei Ihrer Zurückkunft von letztem Besuche in Feldkirch sagte, und wie ich bereits selber auch von Dir vernahm, hat Dein Bruder Albert bei Dir eine Forderung von zwei- bis dreihundert Gulden zu stehen, deren Berichtigung ihm gegenwärtig sehr erwünscht sein soll, weshalb er Dich auch darum schon ersucht habe. Da wir momentan eine solche Summe disponibel haben, die wir ohnedem auf Zinsen anlegen würden, so ist Dir vielleicht damit gedient, wenn wir Dir dieses Geld zu diesem Zwecke übersenden würden, natürlich ohne Unterpfand. Senze möchte wissen wie es mit der Seife steht, die sie bestellt habe. Deiner baldigen Antwort entgegensehend zeichnet mit freundlichsten Grüßen Dein Schwager Anton Ulmer.

Crescentia fügte diesem Schreiben noch ein paar persönliche Zeilen bei:

Liebe Tone! Gestern waren wir in Übersaxen. Es gefiel mir sehr gut. Wir kommen zum Lehrer ins Quartier. Marie ein Zimmer und ich ein Zimmer. So 8. oder 9. Juni gehen wir hinauf. Die Frau ist eine Tochter vom Vorsteher. Pressiert's mit dem Garn zu den Vorhängen? Heute holt's Hanna im Steinebach. Ein Packet N. 24, nicht wahr? Für mich kann sie grad auch eines herunternehmen. Carl ist gegenwärtig marode. Nächste Woche haben wir große Wäsch. Wenn alles in Ordnung ist, kommen wir mit den größern zwei noch hinauf. Wenn möglich, senden wir heute noch die Kisten von Viktor an Albert hinauf durch Wehinger oder Häfele. Frage bei nächster Gelegenheit an, ob er sie erhalten hat. Jetzt wird Andre seine Visite bald abhalten. So jetzt will ich schließen, ich muß noch gleich der Marie in Amerika einige Zeilen des Trostes schreiben. Sie schrieb der Hanna, im Juni werde sie entbinden, sie fürchte das Schlimmste, da sie schon seit Neujahr sehr leidend und nicht mehr ausgegangen sei. Jetzt will ich schließen, s'ist bald drei Uhr; nach dem Kaffee gehen wir ins Oberdorf, ich muß noch Maschine nähen, sie ist droben.

Die Visite vom Andre, von Andreas Schatzmann und seiner Frau Martina, fand am Freitag, dem 10. Juni 1881, statt. Gesprächsstoff gab's genug, denn Crescentia wollte alles wissen, besonders von den drei Kindern ihres Bruders, dem vor wenigen Wochen geborenen Karl Otto, der zweijährigen Isabella und dem vierjährigen Anderle, einem Namensvetter ihres eigenen Sohnes. Senze an Tone:

Soeben kommen wir vom Nachtessen (einem Türkenmus) und jetzt bin ich im Comptoir und übersende Dir im Namen meines lieben Anton und im meinigen die herzlichsten Glück- und Segenswünsche zu Deinem übermorgigen Namensfeste. Gestern mit dem halb drei Uhr Zuge kamen Andreas und Martina, ich holte sie eine Strecke vom Bahnhof ab. Wir befreundeten uns sehr bald mit unserer Schwägerin und wurden per Du. Schön ist sie nicht und auch nicht groß, aber einen sanften, ruhigen Charakter scheint sie zu haben, sie hat wirklich einen guten Eindruck auf uns gemacht. Sie beide und s'Anderle kommen einmal nach Übersaxen.

Pepi war am Pfingstdienstag bei uns, er war in Lindau und Bregenz, speiste bei der Tante zu Mittag; Anton und ich waren am Pfingstsonntag auch in Bregenz; wir besuchten die Tante, es waren aber nur Rosa und Bruder daheim; dann trafen wir sie samt Emile und Kathrina am Damm, wo sie die Ankunft des Schiffes erwarteten. Sie zeigten sich sehr beleidigt wegen Gutenberg, Du habest geschrieben, ich werde ihr den Tag und den Zug anzeigen, an

welchem wir fahren werden, während Du der Meinung warst, von ihr zuerst
eine Anzeige erhalten zu müssen, ob sie wirklich geht oder nicht. Sie sagte
auch, sie haben noch so fleißig an einem Kleid gearbeitet zu dieser Fahrt.

2

»Von Feldkirch bis nach Gutenberg, von Balzers bis nach Halle, da gibt's
Kartoffeln übrig g'nug, für Menschen und Vieh im Stalle. Von Straßburg bis
nach Amsterdam, von Stockholm bis nach Brüssel, kommt Johann nach der
Abendsupp' mit der Kartoffelschüssel«, sangen Luise Schatzmann und ihre
Mitzöglinge im Pensionat der Schwestern der christlichen Liebe auf Schloß
Gutenberg bei Balzers. Hier also war das Nesthäkchen der Schatzmannschen
Familie gelandet, wo mit mütterlicher Sorgfalt und liebevoller Pflege versucht
wurde, den Zöglingen das elterliche Haus zu ersetzen, ihnen Liebe zur
Arbeit, Reinlichkeit und Ordnung einzuflößen und sie zugleich an eine gute
Haltung, an einfache, ungezwungene und höfliche Manieren zu gewöhnen.
Die Lage des Hauses in herrlicher Gebirgsgegend, in unmittelbarer Nach-
barschaft zur Schweiz, wurde gerühmt. Spaziergänge und Ausflüge, gesunde
und abwechslungsreiche Nahrung, sowie deutsche, englische und französi-
sche Konversation wurden geboten.

Billig war die Angelegenheit freilich nicht, denn viermal jährlich waren
150 Franken zu entrichten, und wer in den Ferien nicht heimfahren konnte,
hatte zusätzlich weitere 50 Franken zu berappen. Dazu kamen noch die
Auslagen für den Musikunterricht, für Bücher, Arbeits- und Schreibmateria-
lien, Wäsche und allfällige ärztliche Behandlung. Auch hatten die Mädchen
einiges mitzubringen. Unter anderem ein vollständiges Bett mit sechs Bettü-
chern und sechs Kissenbezügen, sechs Handtücher, sechs Servietten, zwei
große Tischtücher, zwölf Hemden, achtzehn Taschentücher, vier Nachtjak-
ken, zwölf Nachtmützen, genügend Unterkleider, einen warmen Schal,
Strümpfe, einen seidenen Regenschirm und ein Besteck. Alle Zöglinge trugen
eine einheitliche Uniform, im Sommer ein »schwarzes Doppelbarege-Kleid
mit gleichem Fichu« oder ein »weißes Kleid mit blauer Cravate und weißem
Hut«, und im Winter ein »schwarzes Tibetkleid mit schwarzem Hut und
kornblauem Schleier«.

Ein wenig Abwechslung gab's im Internat immer zu Fasching, wenn die
Mädchen ausfliegen und nach Triesen ins Theater gehen durften. Und im
Sommer freuten sich alle aufs Baden im nahen Ragaz.

Der Besuch in Gutenberg hatte also ohne die Tante stattgefunden. Am
25. April 1881 waren Tone, Senze und Anton ins Fürstentum Liechtenstein
gekommen, hatten die Luise im Pensionat abgeholt und mit ihr eine schöne

Tagestour gemacht, über den Luziensteig nach Maienfeld, wo zu Mittag gegessen wurde, und dann weiter nach Bad Ragaz. Dann waren sie mit dem Zug wieder heimgefahren.

3

Im Juni 1881 ging's hinauf nach Übersaxen in die Sommerfrische. Das Wetter spielte zunächst leider gar nicht mit, es war zu kalt für die Jahreszeit. Die Zimmer natürlich ungeheizt. Doch Marie und Crescentia Ulmer harrten mit ihren Kindern aus, waren auch noch im Juli, als es heiß wurde, droben in dem von dunklen Wäldern umgebenen Bergbauerndorf.

Droben in Übersaxen, so die mündliche Überlieferung, habe das Schicksal seinen Lauf genommen. Anton, der nur am Sonntag sein Geschäft schließen konnte, um mit dem Zug nach Rankweil zu fahren und dann zu Fuß den weiten Weg hinauf ins Dorf zu gehen, habe in die Hitze hinein ein eiskaltes Bier getrunken und sich den Tod geholt, eine Lungenkrankheit, die durch jene Unvernunft zum Ausbruch gekommen sei.

So schlimm sah es zunächst allerdings nicht aus. Luise, die nun ausgeschult war und Gutenberg adieu sagte, bemerkte jedenfalls noch nichts, als sie im August in Dornbirn einige unbeschwerte Sommertage verbrachte:

Am 11. August morgens reisten die einen ab mit Schwester Adalberta, die bis Rorschach ging oder Konstanz. Dann mußte ich fertig einpacken, bekam von Schwester Anastasia ein schönes großes Bild zum Abschied und dann ging's der Antonie und dem Friedrich entgegen, die kamen, um mich abzuholen. Wir aßen in Gutenberg und gaben dafür abends fünf Francs aus.

Am selben Abend fuhren sie nach Feldkirch und von dort gleich nach Maria Himmelfahrt nach Dornbirn, wo sie sechs Tage blieben, bis zum Sonntag. Luise schrieb in ihr Tagebuch:

Machten Freitag eine Bergpartie auf das dortige Älpele unter dem herrlichsten Wetter. Es ist 1462 Meter hoch. Mit uns gingen Lorenz und Frau, Frau Adjunkt Ibele, Marie, Senze, Anton, Tone, Friedrich und ich. An demselben Abend ging Tone nachhause ...
Wir gingen Sonntag um vier Uhr unter dem schrecklichsten Wetter herauf (nach Feldkirch). Dienstag fünf Uhr kamen die zwei Freunde von Friedrich, Herr Joseph Kerle aus Weissenbach bei Reutte und Simon Bacher aus der Nähe von Sterzing. Beide wollen Geistliche werden und studieren nächstes Jahr im Seminar in Brixen Theologie. Sie blieben in der Nacht hier, Kerle

schlief in Tones Bett und Bacher in meinem. Donnerstag morgens reisten sie
ab in die Schweiz, nach Zürich, Rigi, Einsiedeln …
    In Einsiedeln kamen wir zusammen, denn Tone, Senze und ich reisten
Montag morgens acht Uhr dahin ab. Wir nahmen in Buchs Retourbillette
nach Einsiedeln, kamen gegen zwölf Uhr dahin, die andern hatten uns
abgeholt. Wir logierten in St. Katharina sehr billig und gut.
    Ich beichtete noch denselben Abend bei einem Benediktiner, No. 10 vorne
links, wenn man hineinkommt in die Beichtkapelle. Andern Morgens kom-
munizieren. Tone kaufte viele Gebetbücher und für sich eine silberne Kette
zum Medaillon um vier Francs. Ich Rosenkränze von unserer lieben Frau. Ich
war nicht bei Benzigers auf Besuch.
    Dienstag ein Uhr Abreise, Ankunft in Feldkirch acht Uhr. Senze über-
nachtete bei uns und reiste anderntags um elf Uhr ab.
    Die beiden Studenten blieben noch zwei Nächte hier. Mittwoch machten
wir eine Tour nach Laterns. Wir wären gern auf den Freschen gegangen,
6000 Fuß, aber schlechtes Wetter. Die Buben tranken da acht Flaschen Bier.
Dann gegen acht Uhr zu Fuß herein, die Buben mit der Bahn zehn Uhr.
Anderntags reisten sie ab, sie wollten zu Fuß über den Arlberg gehen, aber es
war schrecklich schlechtes Wetter. Friedrich begleitete sie bis Frastanz.
    Letzte Woche waren wir auch in Nenzing, um meine Schwägerin zu sehen
und zu begrüßen mit ihren beiden Kindern, dem Anderle mit vier Jahren und
der Bella (Isabella) mit zwei Jahren. Das kleinste (Karl Otto) war ihr drei
Tage vorher gestorben, der Andreas kam gerade noch recht zur Beerdigung.

Friedrich Schatzmann, der in Brixen maturiert hatte, sollte Priester wer-
den, wie seine Freunde. Doch er ging im Herbst 1881 nicht nach Brixen ins
Seminar, sondern nochmals in die Stella, um das philosophische Jahr zu
machen. Von dort aus schrieb er auch seiner Schwester Senze, die wieder ein
Kind erwartete und gerade dabei war, aus Antons alten Werktagshosen
Kleidle zu machen:

Ich will jetzt auch wieder einmal etwas von mir hören lassen und erwarte,
daß Ihr mir auch bald schreibt, nicht etwa erst zum Neujahr. Vor allem kann
ich Euch eine interessante Neuigkeit mitteilen. Letzten Freitag nämlich fand
hier ein Erdbeben statt. Es war etwas nach fünf Uhr in der Früh, da erhielt
das Pensionat auf einmal einen Stoß, dem ein eine Zeitlang andauerndes
Rollen folgte. Kurze Zeit darauf vernahm ich wieder ein kurzes leises Rollen.
Ich hörte, einem Pater sei die Kerze umgefallen.
    Am Abend vorher war ich mit den Philosophen so bis viertel nach zehn
Uhr im Rößle gewesen, wo ein kleines Konzert war. Ich war also noch im

Bette bei diesem Erdbeben, da ich, wenn so etwas ist, was länger in die Nacht hinein dauert (so bis zehn Uhr), bis sechs Uhr schlafen darf.

4

Im Februar 1882 mußte sich Senze wieder einmal nach einer neuen Magd umschauen. Vier Tage vor der Hochzeit ihres Bruders Josef Schatzmann, der am 6. Februar die Dornbirnerin Agatha Zoppel heiratete, schrieb sie ihren Schwestern Tone und Luise:

Heute muß ich Euch in Kürze meine Not klagen. Wie Ihr wißt, ist bei uns auf Lichtmeß Magdwechsel. Gestern abends kam mit dem 9 Uhr Zuge die neue Magd, von Bregenz, die mir durch eine Eierhändlerin, die sich viel mit Mägderecommandieren abgibt, gedungen wurde.

Wie ich aus dem Schlafzimmer in die Stube herauskam, wären mir beim ersten Anblick wirklich bald die Sinne geschwunden; eine mittelgroße, buck- lige Figur; doch, das wäre das wenigste. Wie ich heut' gleich bemerkte und heut' den ganzen Tag zu meinem Entsetzen beobachtete, hört sie bereits nichts oder ist wenigstens sehr schwerhörig; jetzt könnt Ihr Euch denken, daß ich sehr schlecht bestellt bin und es so nicht lassen kann. Die Tage muß ich mit ihr reden, daß sie sich um einen andern Platz umsieht, denn ich kann sie unmöglich brauchen zu den Kindern.

Wie steht's nun mit der Maria? Wegschwätzen will ich sie Euch durchaus nicht. Aber, wenn Ihr sie auf irgendeine Art entbehren könntet, und sie Lust hätte. – Wir werden Montag bei Pepis Hochzeit darüber sprechen. Heute war Hanna noch da, zum Glück; wir hatten beim Mittagessen und Kaffee Pepi und Agath als Gäste, nachher war ich im Oberdorf mit ihnen, mit dem Mariele. Jetzt muß ich schließen, s'Kind schreit.

Im Mai, als das Mariele und der kleine Andreas Ulmer ein Brüderchen bekamen, das auf den Namen Oswald Anton getauft wurde, stand es schon schlecht um Anton Ulmer. Senze hoffte allerdings immer noch auf Besse- rung:

Anton muß sich sehr schonen in allem, aber gottlob, er kann sich's jetzt wohl sein lassen, im Laden haben wir einen guten Gehilfen. Aber es braucht's wirklich, er hat bedeutend abgenommen, er ist mager und blaß. Der Doktor riet ihm eine Sommerfrische, Davos in der Schweiz oder so, aber wir möchten lieber einen näheren Ort, Schwarzenberg im Bregenzerwald hat er ihm auch gutgeheißen.

Mit meiner gegenwärtigen Magd, sie sei drei Jahre bei Romans in Feld-
kirch gewesen, bin ich recht zufrieden.

Drei Monate später versuchte man der Senze so schonend wie möglich
beizubringen, für Anton bestünde keine Hoffnung mehr, die Tuberkulose sei
zu weit fortgeschritten. Alle waren erschüttert, besonders Marie, die den
Geschwistern schreiben mußte:

> *Das Mittel, das Du, liebe Tone, im letzten Brief anrietest, kam dem Anton*
> *nicht wohl zustatten. Es wurde ihm ganz übel davon. Es wird ihm zu stark*
> *gewesen sein. Er ist jetzt so heiser, daß er nur noch mit Anstrengung sprechen*
> *kann. Vorgestern fragte Heinrich wieder den Arzt, wie's denn ihm gehe. Da*
> *sagte er, es stehe halt schlimm. Seit noch der Kehlkopf angegriffen, könne es*
> *schneller enden. Senze ist bereits vorbereitet. Heinrich teilte es ihr gestern mit*
> *und sagte ihr, daß es an der Zeit wäre, ihn zu versehen. Sie tat fürchterlich. Sie*
> *fragte heute selbst den Doktor und dieser bestätigte es.*
>
> *Heute Nachmittag wird er nun wahrscheinlich versehen. Er ist jetzt noch*
> *nicht immer im Bett. Am Sonntag vor acht Tagen war er noch mit Senze bei*
> *uns, wohl zum letztenmal.*

Noch am selben Tag wurde der Brief in der Felsenau zugestellt und von
Tone gelesen, die umgehend an Senze schrieb:

> *Vor kaum einer Stunde erhielt ich von Marie die traurige Nachricht, daß*
> *Antons Kräfte immer abnehmen und wie Du nun selbst gehört, die Krankheit*
> *eine immer schlimmere Wendung nimmt. Arme Schwester, ich kann Dir nicht*
> *sagen, wie sehr Du mich dauerst, wenn ich an Deine trübe Zukunft denke. Wir*
> *alle sahen es wohl schon längst voraus, daß das Schlimmste zu befürchten sei,*
> *aber keine wagte es, Dir Mitteilung zu machen, die beiden letztenmale ging ich*
> *mit dem festen Vorsatze hinunter, es Dir zu sagen, aber ich konnte nicht, und*
> *heute war ich fest willens, es Dir zu schreiben, denn ich war den ganzen Tag*
> *und gestern schon sehr beunruhigt deswegen, denn ich fürchtete, Anton könnte*
> *noch am Ende gar nicht einmal mehr die hl. Sakramente empfangen. Welche*
> *Vorwürfe hätten wir uns dann machen müssen! Ich danke dem lieben Gott*
> *wirklich von ganzem Herzen, daß Er ihm diese Gnade geschenkt hat. Wir*
> *haben auch stets für Anton in dieser Absicht gebetet und auch andere darum*
> *ersucht. Und so vertrau denn auch Du auf den lieben Gott. Er wird Dich gewiß*
> *nicht verlassen. Ich glaub es Dir gerne, daß Dir jetzt schrecklich zumute sein*
> *wird, aber wenn Du um Dich herumschaust, in andere Familien, so findest Du's*
> *dort nicht besser, wenn nicht gar noch schlimmer.*

70

Und so bitte ich Dich denn, daß Du Dich beruhigen und fassen mögest, wenigstens in Antons Nähe, damit es ihm nicht noch schwerer wird; aber auch Deinetwegen, damit wenigstens Du nicht auch noch erkrankst. Du bist dies Dir selbst und Deinen Kindern schuldig. Sollten wir Dir irgendwie behilflich sein können, durch Hinunterkommen und Kinder heraufnehmen, so laß es uns nur gleich wissen; Du wirst uns stets, wenn ein bißchen möglich, bereit finden.

In der Stadt wollen wir's morgen auch sagen und auch in Nenzing, wenn das Wetter nicht zu schlecht ist. Sage Marie meinen Dank und sie soll uns fleißig Nachricht zukommen lassen.

Am nächsten Tag beantwortete Senze selbst den Brief ihrer Schwester. Anton wäre aufgeschreckt, hätte sie ihre Verzweiflung hinausgebrüllt. Aber schreiben, das durfte sie:

Liebe Tone! Danke Dir für Deinen gestrigen Brief und den darin ausgesprochenen Trost. Habe Deinen Brief eben in der rechten Stimmung erhalten, war eben am Studieren und Weinen. Anton und die Kinder schliefen grad und so konnte ich meinem trostlosen und bedrängten Herzen doch wenigstens Luft machen und mich tüchtig ausweinen. Kannst Dir denken, wie mir graut vor der Zukunft, besonders vor der nächsten Zukunft, ich darf nicht daran denken, sonst schwindelt's mir fast im Kopf.

Obwohl ich oft und oft dachte, wie der Anton so weit zurück sei, wenn er die Augen zu hat mehr wie tot als wie lebend aussieht; und beobachtete, wie er besonders in letzter Zeit zusehends schwächer und noch leidender wurde, mußte ich doch hundertmal den Gedanken ausschlagen, der sich mir Tag und Nacht beständig aufdrängte, daß sich Anton schwerlich mehr werde erholen können. Ich konnte und wollte es durchaus nicht glauben, denn ich dachte immer, daß unser eheliches Glück unmöglich von so kurzer Dauer sein könne; denn die kaum sechs Jahre sind vergangen, so schnell, ich weiß nicht wie; wir waren ja stets so glücklich zusammen. Anton war immer so gut und voll Liebe, ich hörte in der ganzen Zeit kein Unwörtchen von ihm. Und bald, ach wie wird's dann aussehen? Großer Gott! Ach theuerster, theuerster Anton, der stets mir und ich ihm alles war, wenn er nicht mehr wird da sein, was wird dies für mich für ein Leben werden? Ich kann den Gedanken wirklich noch nicht fassen. Wenn man so heimkommt und gar keine Seele hat, der man alles anvertrauen und mitteilen kann, wie ich's jetzt so gewohnt war, weil wir stets alles miteinander beraten und verhandelt haben. Ach wie werde ich mein lb. Antons theuerstes Wesen, das ich jetzt noch auf Erden habe, mangeln! – – Jetzt kann ich doch noch ins Schlafzimmer hinein und ihm beim Schlafen zuschauen (er steht jetzt erst Nachmittag um drei Uhr auf) aber wenn dies alles auch noch aufhört! – –

Doch ich will auf Jesus und seine Mutter vertrauen. In einer Beziehung hat mir der liebe Gott schon auffallend geholfen, besonders die liebe Muttergottes am Romberg und der heilige Gebhard, der der Patron des Monats ist, durch ihre Fürbitte, nämlich beim Versehen. Zuerst sagte die Mutter des Anton, ob er sich nicht wolle versehen lassen, da er schon so lang krank sei und dergleichen, da wollte Anton noch nichts wissen davon, denn er meint durchaus nicht, daß er so schlecht daran sei. Da nahm ich mir vor, am nächsten Tage den Doktor zu fragen, wie es mit Anton stehe. Kannst Dir denken, wie mir vor dieser Frage bangte, denn bisher hatte ich immer noch Hoffnung (besonders auf diesen Harzgeruch, den ich jede Nacht anwende) und wenn er dann wieder die Nacht gut geschlafen hatte oder wenn der Auswurf wieder leichter war und dergleichen, dann meinte ich, er werde und müsse wieder aufkommen. Und von dieser Antwort hing mein künftiges Lebensglück ab, drum fürchtete ich sie so sehr, und leider – sie hat all meine Hoffnungen zerstört. Herr Doktor sagte mir zwar schonend aber deutlich genug, daß er schon bei seiner ersten Untersuchung gefunden habe, daß er von dieser Krankheit nicht mehr aufstehen werde. Ich sollte den Herrn Pfarrer zu einem Besuche einladen, dann werde er sich schon zum Versehen bereden lassen. Nachmittag drei Uhr (Anton war noch im Bett) kam Herr Pfarrer, redete zuerst von der Krankheit und dergleichen, dann kam er vom Versehen. Zuerst meinte Anton, zu dem sei noch lange Zeit, er fühlt sich durchaus nicht so schlecht, daß er dies für notwendig erachte, ließ sich aber durch einige aufmunternde Worte von Seite des Herrn Pfarrers und von mir gleich dazu bereden und beichtete gleich dem Herrn Pfarrer und am andern Morgen viertel nach fünf Uhr kommunizierte er und empfing die letzte Ölung, dies Gott sei Dank ist eine große Beruhigung für mich. Jetzt ist Anton immer so heiser, daß er fast gar nichts reden kann und darf und auch beim Schlucken tut er sehr schwer, da der Hals immer sehr geschwollen ist ...

Am 12. September 1882 starb der im 37. Lebensjahr stehende Eisenhändler Anton Ulmer. Er sei, hieß es auf der Todesanzeige, ergeben in den göttlichen Willen in ein besseres Jenseits abberufen worden. Einen Monat später hatte sich Senze, die nun selbst hustete, noch immer nicht mit ihrem Schicksal abgefunden. Aber eines wollte sie auf keinen Fall, ihre Selbständigkeit aufgeben und hinauf ins Oberdorf ziehen. Senze an Tone und Luise:

Mein Husten ist immer noch sehr trocken. Ich bin jetzt auch am Einnehmen und lasse mich morgen vom Doktor gründlich untersuchen. Ich würde wirklich nicht sehr erschrecken, wenn er eine bedenkliche Miene dazu machen würde, wenn mir nicht die Kinder Sorgen machen würden.

In letzter Zeit der Krankheit meines unvergeßlichen theueren Anton sel. stellte ich mir mein zukünftiges Leben sehr traurig und verlassen vor; und dennoch übertrifft die Wirklichkeit bei weitem die Vorstellung. Jetzt ist's ärger als im Anfang, ich weiß nicht warum. Macht's, weil ich selbst nicht recht wohl bin? Manchen Tag könnte ich ohne Aufhören weinen, oft bei jeder Erinnerung an meinen lieben theueren Anton sel. könnte ich mich halb krank weinen, ich muß mich dann mit Gewalt aus dieser Melancholie herausreißen. Gestern war Kathrin in Feldkirch. Und gestern Nachmittag hat man heroben auch das Inventar aufgenommen. In den kleinen Sachen ging's überall gut ab, aber das Haus wollte man durchaus auf 20000 Gulden schätzen, mit Kampf brachte es der Heinrich dazu, daß es auf 17000 Gulden geschätzt wurde. Denk' Dir, was kostet dies Steuer.

Ins Oberdorf zieh ich jetzt auf keinen Fall. Bei gründlichem Nachdenken würde mich dies gar nicht freuen. Ich bleib' mit meiner Familie im untern Stock, im obern weiß ich noch nicht, was ich tue. Zu Quartierleuten ist unser Haus fast zu klein. Ich könnte meine Möbel kaum mehr im Estrich über und drüber aufeinandergestellt anbringen.

Tone, die bald wieder einmal persönlich nach Dornbirn kommen wollte, um nach Senze zu sehen und nach Marie, die im September zum drittenmal Mutter geworden war, antwortete am 15. Oktober 1882:

Dein Brief von gestern hat mich sehr traurig gestimmt. Es schmerzt mich wirklich, Dich so verlassen zu wissen, denn jetzt ist's gar arg, weil Marie nie herunterkommen kann. Daß es ohne Anton recht öde und leer um Dich ist, kann ich mir wohl denken, aber gib Dich doch nicht zu sehr solchen Gedanken hin, es nützt Dir ja gar nichts; im Gegenteil, es stimmt Dich nur noch trauriger, je länger Du daran denkst; dann ist dies auch Deiner Gesundheit sehr nachteilig und daß Du jetzt sehr auf Deine Gesundheit achthaben mußt, wirst Du wohl als Deine Pflicht erkennen. Was hat auch Herr Doktor gesagt? Hoffentlich ist Deine Lunge noch gesund; nimm doch zur Vorsorge fleißig vom Tee oder benütze den Harzgeruch, weil man jetzt nicht mehr so im Wald spazierengehen kann.

Und Heinrich ist also auch unwohl. Marie wird auch Angst haben. Wenn das Kleine gar so brav ist, hat doch sie viel Ruhe. Grüß mir alle im Oberdorf und Heinrich eine gute Besserung.

Diese Woche komm ich noch nicht herunter. Wenn keine Karte mehr kommt, komme ich nächsten Montag mit dem Nachmittagzug; denn es

kommt noch darauf an, ob wir anfangs oder Ende der Woche waschen. Ich
hoffe, Euch dann etwas gesünder anzutreffen, als Du mir diesmal geschildert
hast.

Und nun lebe wohl, liebe Senze, und suche Dich in Gottes Willen zu
fügen. Wir haben Gott sei Dank eine so gute Erziehung genossen, daß wir
wissen, wo wir Trost finden werden, nicht bei den Menschen, aber in der
Kirche beim Tabernakel …

5

Trietschnitten. Ein süßer Trost aus der Konditorei. Ein Patentrezept für jede
Lebenslage. Eine Köstlichkeit, die viel Arbeit gab, aber umso schneller
verzehrt war. Zunächst mußte der Vorteig aufgehen, dann erst konnte der
eigentliche Teig zusammengemengt und zu einem Wecken geknetet werden,
den man wiederum einige Zeit gehen lassen mußte, bevor er im mittelheißen
Ofen gebacken werden durfte. Dann hatte man das Gebäck einige Tage
liegenzulassen, um es schließlich in halbfingerdicke Schnitten zu schneiden,
beidseitig mit Eiweiß zu bestreichen und mit nach Zimt und Nelken schmek-
kendem Trietzucker zu überstreuen.

Nach dem Tod ihrer Mutter waren die älteren Töchter des alten Andreas
Schatzmann nach Pfaffenhofen gekommen, ins Internat der Armen Schulschwestern. Zunächst Marie für zwei Jahre, dann, im Oktober 1868, Senze
und Tone. Der Vater hatte den lieben Gott und die fast so allmächtige
Schwester Maria Pachomia gebeten, aus seinen Töchtern recht brave, gute,
tüchtige und brauchbare Hauswirtinnen zu machen. In nicht allzu ferner
Zeit, hoffte er, sollten sie seinem Hauswesen tüchtig beistehen, alle anfallen-
den Näharbeiten übernehmen und ihr Brot selbst erwerben können. »Dann«,
freute sich der alte Andreas, »können wir nach Euerer Zurückkunft hoffentlich vergnügt unsere Tage zubringen«.

Senze und Tone, die ihren Vater vergötterten und zum erstenmal so weit
weg von daheim waren, hatten entsetzliches Heimweh. Nicht einmal die
Trietschnitten, die ihnen die Viktor schickte, konnten ihnen darüber hinweg-
helfen. Besonders schlimm war's am 1. Mai 1870. Auf dem Fensterbrett
sitzend, lasen die beiden damals immer wieder die alten Briefe ihres Vaters
durch, die sie alle sorgfältig gesammelt und wie einen Schatz gehütet hatten.
Mit Bleistift kritzelten sie ihre Gedanken auf die einzelnen Blätter. Ja, sie
würden ihre Vorsätze erneuern und dem heiligsten Herzen Jesu, dem teuren
Vater und der Muttergottes zuliebe noch fleißiger lernen. »Heut gehen
zuhaus gewiß alle spazieren oder ausfahren«, seufzten sie und versuchten,
wenigstens im Geiste dabeizusein: »Wären wir nur bei Euch! O liebster

Vater, wären Sie nur hier!« Und in Erinnerung an die Weintrauben, die sie im Herbst erhalten hatten: »Die Trauben schmeckten uns besser, weil sie von Feldkirch waren, als uns ich weiß nicht was von Zuckerzeug geschmeckt hätte, wenn es nicht von Feldkirch wäre.«

Bis zu den Schlußprüfungen im Sommer mußten sie noch durchhalten. Im Juli, wenige Wochen vor Schulschluß, traf überraschend ein Brief des Vaters ein, der sich auf Anraten des Feldkircher Arztes Dr. Greussing in Obladis von einem Unwohlsein erholen mußte. Er klagte über »Mangel an Appetit, Leiden im Unterleib und eine Abgeschlagenheit am ganzen Körper«, wollte vierzehn Tage bleiben und auf der Rückfahrt einen Abstecher nach Pfaffenhofen machen, um seine Töchter zu sehen und die ehrwürdigen Schwestern nach deren Fortgang zu befragen. Senze und Tone waren außer sich vor Freude. Und wurden enttäuscht. Denn niemand kam am 5. August.

Einige Tage später schrieb ihnen der Vater, er sei wie geplant von Obladis abgereist, habe aber in Landeck erfahren, in Feldkirch würde er dringend gebraucht. Im Zuge des Deutsch-Französischen Krieges sei der Bahntransport durch Bayern unterbunden worden, und nun häuften sich die Warensendungen, die seine Spedition über Innsbruck weiterzubefördern habe. Und da er befürchtet habe, zu einem späteren Zeitpunkt keinen Platz mehr in einem der überfüllten Poststellwagen zu bekommen, habe er sich entschlossen, sofort nach Feldkirch zurückzufahren und auf den Besuch im Internat zu verzichten.

Im Gegensatz zu den Armen Schulschwestern, die mit Nachdruck darauf drangen, Senze und Tone sollten noch ein drittes Jahr im Institut bleiben, wollte der alte Andreas seine Töchter zu nichts zwingen. Er überließ ihnen die Entscheidung, was Schwester Pachomia dazu veranlaßte, brieflich seine »wiederholte Zärtlichkeit« zu kritisieren und zu betonen, man dürfe »das Bleiben oder Gehen« keinesfalls ganz dem Belieben der Mädchen anheimstellen, die eine solche Versuchung nicht bestehen könnten. »Der entschieden ausgesprochene Wille der Eltern ist für gute Kinder wirklich ein Anker, der sie aufrichtet, festhält und beruhigt«, schrieb die Schulschwester nach Feldkirch. Senze und Tone jedoch hatten sich längst entschieden. Sie wollten die Heimreise antreten, zugleich mit ihrer Schulkollegin Anna Himmer. Schwester Maria Pachomia mußte die Kinder ziehen lassen, händigte ihnen das Reisegeld aus, das sie von der vom Vater geschickten Summe abzog, und verwendete den Rest des Geldes fast zur Gänze zur Tilgung diverser Nebenauslagen, so daß nur noch wenige Kreuzer übrigblieben. Die sollte sich der wohlgeborene Herr Schatzmann beim Herrn Himmer in Feldkirch abholen. Letzterem würde dieser Betrag dann von der Rechnung abgezogen, versicherte die arme Schulschwester, die zugleich anzeigte, ihr Haus wäre durchaus daran interessiert, mit der Zeit auch Schatzmanns jüngstes Töchterlein aufzunehmen und zu erziehen. Die kleine Luise kam dann allerdings nicht nach Pfaffenhofen.

6

Zum Nikolaus bekam Senze von ihrem Bruder Josef Schatzmann, dessen Gattin früher als Arzthelferin tätig gewesen war, einen Brief mit guten Ratschlägen zur Bekämpfung ihres hartnäckigen Hustens:

Da Agatha längere Zeit bei Dr. Fink in Hard gewesen, hat sie nebstbei sehr nützliche und praktische Mittel gegen diese Krankheiten kennen und anwenden gelernt. Ich kann es durch an mir selbst bewährte Proben bestätigen, daß der isländisch Moos Tee ein ausgezeichnetes Mittel zur Reinigung der Lunge ist. Der sogenannte »Brusttee« ist jedenfalls nur untergeordneter und zweifelhafter Natur und zu einer nützlichen und gründlichen Beseitigung des nicht zu unterschätzenden Übels untauglich.

Aber Senze hatte nicht nur gesundheitliche Probleme, sondern auch finanzielle. Aus der Firma mußte sie ausscheiden, und das Haus erbten die Kinder, die nun unter der Vormundschaft ihres Onkels Heinrich Ulmer standen. Fürs tägliche Leben blieben nur die Einnahmen aus den verpachteten Geschäftsräumen, die jedoch kaum ausgereicht hätten. Deshalb mußte Senze, die am 1. Dezember 1882 ihrer Schwester Tone die schwierige Situation zu beschreiben suchte, daran denken, Zimmerherren aufzunehmen:

Sterbebilder habe gar kein übriges mehr, der Tante kann ich nur eins geben. Deinen heutigen Brief habe ich gelesen. Auf Weihnachten komme nicht hinauf. Ich bin am liebsten daheim, gehe selten ins Oberdorf, am Morgen in die Messe und in den Friedhof, dann den ganzen Tag daheim. Du schreibst wohl: Nimmt die Senze den Doktor jetzt doch? Ich muß froh sein, wenn er kommt, und wenn ich aus dem Haus auf die Art viel löse, denn denke Dir, nach der Verlassenschaftsabhandlung wäre nur 11000 Gulden reines Vermögen von meinem theueren Anton sel. hier. Dies kommt mir rein unmöglich vor und ich kann's auch nicht glauben und lasse es auch nicht so liegen. Ich hoffe auf die bessere Einsicht des neuen Adjunkten, er ist noch nicht hier, er habe noch Urlaub zum Besuch bei seinen Leuten in Bozen. Hoffentlich werde dann dem mein Anliegen vortragen können, denn sonst habe niemanden auf der ganzen Welt, mit dem ich vernünftig und mit Erfolg über solche Sachen reden könnte. Wenn ich zu Heinrich sage, die Summe komme mir unglaublich nieder vor, dann heißt's, ein solches Haus an einem solchen Platz ist viel wert, aber hier kann nur die Summe 13 500 Gulden, wie's Anton seinerzeit kaufte, in Anschlag kommen. Daß die Realitäten etwas niederer geschätzt sind, als sie Anton seinerzeit als väterliches Erbteil übernahm, gebe zu, aber so viel macht's nicht aus. Antons väterliches Erbteil samt früheres Erbteil von seiner Tante machen zusammen siebzehn bis achtzehntausend Gulden, dann zehnjährige gut gegangene Geschäfte ohne bedeutende Verluste und jetzt sollte viel weniger hier sein, als Anton früher besaß? Heinrich ist mit sich selbst nicht im reinen, zu Sailer sagte er, es müsse irgendwo ein großer Fehler stecken, es komme ihm selbst so vor. Ich machte ihm durch Sailer den Vorschlag, er solle seinen Vermögensstand zusammenstellen und gegen Antons vergleichen, ob der Unterschied nicht ein bedeutender sei, da sie doch die gleichen Anteile von daheim und die gleichen Geschäfte gemacht haben. Bisher hat er's noch nicht getan, er woll' warten, bis die Abschriften vom Gericht da seien, denn s' ist dort noch nicht fertig. Zu ihm selbst mag ich nichts mehr davon sagen, dann heißt's Du verstehst die Sache nicht. Leider versteh' ich sie nicht, aber ich fürchte, daß auch Heinrich die Sache nicht gründlich versteht, denn so lang Anton sel. lebte, hat er selbst das Hauptbuch, das Journal geführt. Heinrich hat in dieser Beziehung nichts tun dürfen und auch Rechnen, wie Anton sel. oft sagte, war stets seine schwache Seite. Auch Hele, dem die Sache übergeben ist, sagte selbst, als ich droben war und unterschreiben mußte, daß er von kaufmännischer Rechnung nicht viel verstehe, und während ich oben war, im Gericht, machte er zwei Rechnungsfehler, er sagte 4 von 12 bleibt 4 und hätte grad so geschrieben, da sagte ich noch gleich, nein 8; und noch einen, da corrigierte ihn sein Schreiber. Jetzt denk Dir, wenn bei großen Summen solche Fehler gemacht würden, oder Summen auf Heinrichs statt auf Antons Seite aus Unkenntnis oder Gleichgültigkeit verschrieben würden. Nach all diesem kannst Dir denken, daß mein schmerzliches, sehnsüchtiges Heimweh nach meinem theuren unvergeßlichen Anton sel. nicht abnimmt und daß ich bei Tag und Nacht manche tränenreiche, kummervolle, traurige Stunde durchzumachen habe. Wenn ich nur meinen theuren Anton sel. herrufen könnte, daß er mir die Sache erklären und auslegen könnte, dann würd' ich ihm glauben, und zufrieden sein, wenn's auch nicht einmal anders herauskäme. Ich kann ein gewisses Mißtrauen in dieser Beziehung nicht unterdrücken gegen den Heinrich, nicht daß ich an seiner Ehrlichkeit zweifeln wollte, aber an seiner Kenntnis bedeutend. Anton sel. meinte es so gut mit uns, besonders mit mir, im Testament vermachte er mir zu meinem alleinigen Anteil den ganzen Pachtschilling, den ich aus dem Hause ziehen werde. Seine allgemeine Übersicht stünde dahin, über seinen Vermögensstand, daß wir ohne den obern Stock zu verpachten leicht und standesgemäß leben könnten. Und jetzt sieht's so aus!

Du kannst diesen Brief Albert lesen lassen, wenn Du glaubst, daß er gegen jedermann, auch gegen seine Frau strenges Stillschweigen halten würde, denn möglicherweise müßte ich schließlich ihn noch ersuchen, die Sache zu untersuchen, wenn hier kein Resultat zu erwarten wäre, oder mir wenigstens Rat bei ihm erholen. Auch Dich und Luise muß ich um gewissenhaftes Stillschweigen in dieser Beziehung bitten, gegen jedermann, nicht wahr? Du wirst die Sudelei und die zwei Papierstreifen entschuldigen, ich wollte kein Wort von diesem allem schreiben. Aber wovon das Herz voll ist, geht der Mund über, denn ich trage schon wochenlang diesen Kummer allein und merke wohl, daß er meine Gesundheit nicht stärkt. – Mit Heinrich und denen vom Oberdorf stehe ich deswegen auf nichts weniger als friedlichem Fuße, denn ich will so lange als möglich, und wenn möglich gar keinen Bruch herbeiführen ...

Als ich heute in den Friedhof kam, bemerkte ich zu meinem größten Leidwesen, daß seit gestern Vormittag von Antons Kreuzle der schöne schwarze Schleier gestohlen worden ist. – Dem Friedrich schreib' ich nicht extra, ich könnte doch nichts, als jammern, denn so bald kann ich mich in meine traurige, verlassene Lage noch nicht gewöhnen, obwohl es morgen ein Vierteljahr ist, dem Datum und dem Tag nach; das neue Jahr wird noch nicht besser, denn die Erinnerung über alles traurig Erlebte im vergangenen Jahre ist mir noch so lebhaft im Kopf, daß ich in Gedanken noch einmal alles durchleben kann. Wann kommt Ihr wieder einmal herunter?

7

Die Gnadenmutter in Rankweil. Das war noch eine Möglichkeit. Die hatte schon die unglaublichsten Wunder gewirkt. Heilige Muttergottes zu Rankweil hilf! Mehr als ein Stoßgebet. Ein Mysterium. Das Kind, das 1727 über eine steile Stiege stürzte, blieb unverletzt, weil die Mutter rechtzeitig die Hände überm Kopf zusammenschlug und dieses Stoßgebet zum Himmel schickte. Die schwedischen Soldaten, die im Dreißigjährigen Krieg in Hohenweiler eine verheiratete Frau vergewaltigen wollten, verließ plötzlich die Kraft, weil das Opfer Zuflucht bei der unbefleckten Gottesmutter suchte. Zahnweh, Kopfweh, Rückenweh, ja selbst tödliche Krankheiten vergingen, wenn man rechtzeitig Hilfe suchte bei der Rankweiler Gnadenmutter.

Senze wollte es versuchen und im Jänner 1883 gemeinsam mit ihren Schwestern Tone und Luise auf den Liebfrauenberg pilgern:

Zum neuen Jahr wünschen wir Euch alles erdenkliche Gute an Leib und Seele für Zeit und Ewigkeit. Weil die Witterung jetzt so schön ist und auch

beständig ausschaut, glaub' ich, könnten wir den nächsten Mittwoch zum
nach Rankweil gehen bestimmen. Ich komm' mit dem zehn Uhr Zug hinauf
und erwarte Tone oder beide mit dem elf Uhr Zug dort, wenn möglich gehen
wir mit dem Nachmittagzug herunter, denn in diesem Falle ging Marie auch
mit.

Es trat keine spontane Heilung ein. Im Gegenteil. Senze ging's von
Woche zu Woche schlechter. Wenigstens wurden ihre zwei größeren Kinder
nun langsam ein wenig selbständig, was sie im Februar 1883 voller Stolz der
Tone mitteilte:

Heute sind Mariele und Anderle zum erstenmal miteinander allein ins
Oberdorf hinauf, ich hab' sie ein Stückchen begleitet, bis hin auf das Trottoir.
Die zwei sind gottlob sehr gesund, das Kleine ist jetzt auch recht ordentlich.
Mein Husten ist wieder ziemlich stark und bin wieder fleißig am Einnehmen.
Mit den Zimmerherren geht's bisher ordentlich, ich bin zufrieden. Herr
Adjunkt ist ein stiller, ruhiger Herr, am Morgen geht er und kommt nicht
mehr heim bis er ins Bett geht. Das Zimmer ist ihm wohl zu klein und er hätte
gleich anfangs lieber zwei als bloß eins genommen.

In der Felsenau machten sich längst alle große Sorgen um Senze, vor allem
Tone, die ihrer Schwester am 6. März 1883 wieder einmal ins Gewissen
redete:

Liebste Senze! Zu Deiner Beruhigung diene, daß das Geld für die Seife
richtig angekommen ist. Was mich aber Deinetwegen sehr beunruhigte ist die
Bemerkung, daß Dein Husten wieder stärker ist. Ich bitte Dich, schone Dich
doch recht, besonders bei dem kalten nassen Wetter. Ich glaube, Du gibst viel
zu wenig obacht auf Dich und Deine Gesundheit, und wäre dies noch so
notwendig. Daß Du am Ostermontag nicht mit Marie und Heinrich herauf-
kommen willst, bin ich gar nicht einverstanden; Du mußt ganz einfach
mitkommen. Das glaub ich gerne, daß Dein Humor nicht fröhlich ist, aber Du
mußt Dich eben von Zeit zu Zeit aus Deinen Gedanken herausreißen und
Zerstreuung suchen, und da mein ich, ein Besuch bei Deinen Schwestern wäre
doch eine ganz annehmbare, ordentliche Zerstreuung. Bringt Ihr dann auch
Mariele und Carl mit oder mehr? Ihr müßt dann vorher genau schreiben.
Und nun eine freudige Nachricht, die Euren Besuch vergewissern soll. Viel-
leicht schon Ende dieser Woche, sonst nächste Woche ganz gewiß, kommt
Friedrich in die Osterferien. Der Herr Vormund hat es gnädig erlaubt.
Martina war auch letzte Woche heraußen, aber allein; sie hat jetzt die Magd

vom Pepi und Pepi Agaths Schwester. Doktors von Nenzing sind jetzt nach
Lochau gezogen. Ich mein der Abschied von dort kam sie recht schwer an.
Grüße mir im Oberdorf alle auf das freundlichste, Dir wünschen wir eine
gute Besserung und so schließe ich mit der Hoffnung auf baldiges Wieder-
sehen.
NB. Auch an Viktor und Zimmermanns Senzele schöne Grüße.

Nein, zu Ostern würde sie nicht in die Felsenau kommen, antwortete
Senze ihrer Schwester und bat sie, ihr doch beim Patscheider einen Kübel
Schmalz zu besorgen. Dann kam sie auf ihre weiteren Pläne zu sprechen:

An Ostern komm' ich nicht hinauf, vielleicht später einmal, an einem
schönen warmen Werktage mit den zwei großen Kindern. Mein Husten hat
sich etwas gebessert, bin streng am Einnehmen. Muß im Sommer in eine
Sommerfrische, etwa auf vierzehn Tage oder drei Wochen. Wenn's dazu
kommt, geh' ich nach Schattwald, an der bayrischen Grenze, es soll ein
ausgezeichneter Erholungsort sein und besonders wird die Küche dort sehr
gerühmt, und im Verhältnis sehr billig. Von Bregenz gehen jährlich sehr viele
dorthin, Frau Scharfeckwirtin war einigemale dort. Voriges Jahr auch Frau
Buchdrucker Feuerstein mit Ida. Wenn ich vielleicht von Feldkirch von
irgendeiner bekannten Seite eine Begleitung bekäme? – Oder vielleicht Du
selbst? – Ich gehe sehr ungern und werde mich noch besinnen, wenn's der
Doktor nicht für sehr notwendig herstellt.
Letztes Jahr freute mich so darauf und setzte meine ganze Hoffnung auf
eine Luftveränderung und Sommerfrische für meinen innigstgeliebten, unver-
geßlichen Anton sel. und jetzt heuer soll ich allein gehen. Kannst denken,
wie's mich freut. Im ganzen geht's mir sonst gut, bin mit den Zimmerherren
sehr zufrieden. Die Kinder sind sehr gesund, das Kleine auch recht ordentlich.
Wann kommt Ihr wieder einmal herunter? Für den Fall der Sommerfri-
sche habe mir schon Arbeiten bestimmt. Bekomme von Frau Ratz zweierlei
Muster zu je zwei Kopfkissen und ein Oberbettuch. Sehr schön, die einen mit
Medaillonlitzen, die anderen mit schmalen und breiten Bändchenlitzen. Frau
Ratz bestellte mir die Litzen alle von München, sie sind viel billiger wie hier
oder in Bregenz. Wenn ich wieder neue, schöne Muster habe, trenne wieder
alte abgedroschene Einsätze heraus und schenk' sie der Kathrin.
Friedrich hat im Sinn, auf der Rückfahrt nocheinmal zuzukehren, dann sei
so gut, gib ihm ein halbes Pfund Chocolade vom billigen mit, ich hab' dann
hie und da ein gutes Bröckchen in der Einsamkeit oder für die Kinder, hie und
da zum Köcheln. Ich werd's dem Friedrich dann bezahlen. Muß schließen, der
Kleine erwacht und schreit.

Am 19. April 1883 schrieb Crescentia ihren Schwestern Tone und Luise den nächsten Brief:

Liebe Mädchen! Für Euren, vor einigen Tagen erhaltenen Brief meinen freundlichsten Dank. Gestern war ich bei Frau Scharfeck Rein und erkundigte mich über Schattwald. Ihr Urteil ist sehr günstig. Im ganzen im Verhältnis billig und ausgezeichnete Kost, schöne Spaziergänge, ein Bad, wenn man baden will, in der Nähe Schwefelwasser. Vor Anfang Juni gehen wir auf keinen Fall, und wenn die Witterung nicht schön und warm ist, warten wir lieber noch, sonst sei's rauh und kühl. Jedenfalls wollene Strümpfe, Hosen und Unterrock und Schal darf man mitnehmen. Von Frau Rein bekomme die Adresse von der Wirtschaft, ich werde dann für uns zwei ein Zimmer bestellen. Oder, möchtest lieber ein eigenes, Luise?

Wie geht's Dir mit dem Mieder? Tone! Wenn's Dir nicht ganz gut geht, werde Dir noch einen Gulden zurückgeben, es ist entsetzlich theuer.

Senze benötigte dringend Bargeld und bat Tone, Albert zu fragen, ob es mit der Rückzahlung der ein halbes Jahr zuvor bei Schuldnern in Klaus und Sulz aufgekündigten Kapitalien auch sicher klappen würde. Dann kam sie auf ihre Kinder zu sprechen:

Das Mariele schick' ich eigentlich gern nach Feldkirch, denn eine Luftveränderung tut ihr sehr wohl. Sie ist wieder so müd, seit die Wärme kommt, wie ein Bleichsüchtige. Sie freut sich sehr darauf, und sie meint, Du freust Dich auch so. Anderle ist bald nachdem Ihr fort gewesen besser geworden, dafür aber Mariele acht Tage darnach auf einige Tage ähnlich erkrankt, da hab' ich im ganzen viermal versprochen, an den Romberg, zweimal war ich droben, es hat mir sehr gut gefallen, die frische Luft tut mir wohl, zweimal hab' ich die Kathrin geschickt. Jetzt will ich schließen, das Kind schreit, ich lass' zum erstenmal alle drei auf die Altane hinaus.

Obwohl sie immer schwächer wurde, hatte Senze fast Skrupel, den Arzt zu wechseln und statt des Doktors Georg von Scarpatetti, der damals im Ulmerhaus wohnte, einen etwas engagierteren Mediziner zu konsultieren. Ihren Schwestern Tone und Luise schrieb sie es unter dem Siegel der Verschwiegenheit am 8. Mai 1883:

Ihr werdet wohl schon lange einen Brief erwartet haben und ich war auch willens, Euch schon lange zu schreiben, aber ich wollte Euch mit den Photographien überraschen, mit meiner halbtoten, die Kinder könnt Ihr teilen. Beiliegender Gulden ist noch für das Mieder zurück, die beiliegenden fünfzig Kreuzer für die Agatha-Bruderschaft. Ich habe jetzt angefangen, bei Doktor Schmied zu doktern. Unser Doktor ist nie gekommen und hat überhaupt der ganzen Krankheit keinen Wert beigelegt und keine Wichtigkeit. Scarpatetti sagte vor einigen Wochen, daß Schattwald zu rauh sei für mich, daß ich lieber nach Obladis gehen sollte. Doktor Schmied aber sagt, daß ich gar nicht daran denken dürfe, so weit fort zu gehen, ich wäre viel zu schwach dazu. Ich müsse zuerst noch eine ziemlich lange Kur durchmachen, bevor ich an Fortgehen denken könne und dann irgendwo in der Nähe. Ich weiß nicht, wo mich der dann hintut.

Wenn ich einmal etwas bestimmtes weiß, werd' ich Dir schreiben, Luise. Daß ich beim Schmied doktere, müßt Ihr niemand sagen, wir haben's auch so heimlich als möglich, daß unser Doktor nichts inne wird; aber die Gesundheit geht einem am End über alles. In der letzten Zeit dachte ich manchmal, ich wolle Euch schreiben, daß eine herunterkommen und mir ein wenig bei den Kindern aushelfen möchte. Ich war in letzter Zeit so elend daran, daß ich am Morgen beim Anziehen niedersitzen mußte und mir dennoch zwei- bis dreimal dabei ganz übel geworden ist. Hoff', daß es sich jetzt bald bessert. Der Schmied sagte heute schon, daß es etwas besser sei.

Pepi hat mir letzthin geschrieben, daß Agath, als sie nach der Krankheit so schwach und blutarm gewesen sei, manche Flasche Hoffsches Malz-Extract-Gesundheits-Bier getrunken habe, bei Eisenegger. Ich muß jetzt täglich zweimal Fischöl nehmen, daß ich den Geruch nicht den ganzen Tag im Mund habe und er mir nicht heraufstoßt, nehme ein Bröckchen Chocolade drauf.

Wenn Du so gut wärst, Tone, wenn Du mir beim Eisenegger, wenn sie billig sind sechs, und wenn sie teuer sind drei Flaschen solches Gesundheitsbier bestellen würdest und ein halbes Pfund von billigster Chocolad, sei so gut, frag' auch was die Flaschen kosten, wenn man größere Portionen kauft, er soll mir die Rechnung dazu schicken und dies drauf schreiben und dem Häfele mitgeben.

Ich will jetzt schließen, mache noch dem Kind ein kurzes Röckchen, es will immer stehen. Schließe mit vielen herzlichen Grüßen und verbleibe in alter Liebe Eure Euch liebende Schwester Senze.

8

Am 28. Juli 1883 gaben die tieftrauernden Hinterbliebenen tiefbetrübt allen Verwandten, Freunden und Bekannten die schmerzliche Nachricht, es habe Gott dem Allmächtigen gefallen, die innigstgeliebte Mutter, Schwester, Schwiegertochter und Schwägerin, Witwe Crescentia Ulmer, geb. Schatzmann, nach langem geduldig ertragenem Leiden, versehen mit den heiligen Sterbsakramenten, in ihrem 28. Lebensjahr in ein besseres Jenseits abzuberufen.

Die Welt drehte sich weiter. Die Julisonne brannte herunter wie jedes Jahr. Üppiges Grün überall im Land. Hochsommer. Der Herbst noch in so weiter Ferne. Luise nahm ihr Tagebuch zur Hand, das sie in Gutenberg begonnen hatte, und versuchte, die traurigen Ereignisse der letzten Wochen zusammenzufassen:

Am 19. Mai 1883 kam Senze mit mir in die Felsenau zur Sommerfrische. Ich war acht Tage vorher in Dornbirn, vor mir war Tone acht Tag bei Senze, um ihr zu helfen, da sie schon ziemlich schwach war. Schon bei Antons Tod und vorher hustete sie. Man sagte, sie habe es von Anton geerbt.

Senze war acht Tage hier allein, Samstag darauf holte ich die Kinder, auf die sie sich sehr freute. Diese blieben drei Wochen hier, nach vier Wochen, am Montag dem 18. Juni 1883, reiste sie mit Roßfuhrwerk (Marie von Dornbirn kam an diesem Tag herauf) und dann mit der Eisenbahn nach Dornbirn. Diesen Tag sah sie die Kinder zum letztenmal. Als sie im Haus einzog, weinte sie. Sie war so schwach, daß sie kaum zum Wagen gehen konnte. Tone ging mit hinunter, blieb bis 28. August, einen Monat nach Senzes Tod.

Senze starb den 28. Juli 1883, Samstag abends halb acht Uhr, 27 Jahre alt, zehn Monate nach ihrem Mann Anton, und hinterließ drei Kinder: Mariele (fünf Jahre), Andreas (drei Jahre), Anton (ein Jahr zwei Monate). Senze hatte fürchterliche Schmerzen auszustehen, lag auf, fürchterliches Fieber, die letzten drei Tage in derselben Stellung (etwas auf der Seite, die rechte Hand an das Kinn gestützt, den Kopf etwas abwärts), die letzten acht Tage gewöhnlich bewußtlos. Der Doktor sagte, sowas sei ihm noch nie vorgekommen. Sie nahm anfangs Georg von Scarpatetti, der in ihrem Hause wohnte (sie war gleich nach Antons Tod aus dem Geschäft ausgetreten); diesen – Scarpatetti nämlich – hatte auch Anton gehabt. Später kam Doktor Schmid, nach ihrem Zurückkommen von der Felsenau wieder Scarpatetti. Alle außer Albert (dem seine Frau am Beerdigungstage der Senze ein Mädchen namens Anna zur Welt brachte) waren da. Albert äußerte sich später, er habe Senze von seinen Schwestern am liebsten gehabt, sie sei die geradeste, vernünftigste gewesen. Sie reue ihn, so oft er daran denke.

Nach Senzes Tod blieb Tone noch einen Monat in Dornbirn, bis die Sachen im Reinen waren. Zuerst wollte man ihr die Kinder nicht lassen, da Heinrich Vormund war. Sie kamen deswegen hintereinander.

Epilog

Nach Senzes Tod zog Heinrich Ulmer mit seiner Familie ins Haus am Dornbirner Marktplatz, das Senzes Kinder, die unter seiner Vormundschaft standen, in diesem speziellen Fall aber von dem als Kurator fungierenden Onkel Lorenz vertreten wurden, ihm für 480 Gulden jährlich verpachteten. Im November 1883 kam hier der kleine Heinrich zur Welt, der vierte Sohn von Marie und Heinrich Ulmer. Da Senze nicht mehr lebte, stellte sich Luise Schatzmann an ihrer Stelle als Taufpatin zur Verfügung und schrieb ins Tagebuch, der kleine Heinrich sei »ein schwarzes, gesundes Büble«.

Die Kinder von Senze und Anton lebten nun in der Felsenau bei Tante Antonie, so nannten sie Senzes Schwester Tone, die versuchte, ihnen so gut wie möglich die Mutter zu ersetzen. Da sie sehr religiös war, zog sie bei jedem Problem die Jesuiten zu Rate, meistens Pater Gächter, einen alten Freund der Familie.

Weihnachten nahte. Zum erstenmal mußten die verwaisten Ulmerkinder ohne Mutter und Vater feiern. Die Schatzmannschen Tanten versuchten, sie so gut wie möglich abzulenken und eine ganz besonders schöne Bescherung vorzubereiten. Am 23. Dezember 1883 schmückte Tante Luise gemeinsam mit ihrer Freundin Sofie Seeger den Christbaum und am Heiligen Abend glänzten die Kinderaugen. Das Mariele bekam eine Puppe mit kompletter Ausstattung und sonst noch verschiedenes Spielzeug, der Andreas einen Hampelmann, einen Trommler und ein Spielzeugkätzle, und der kleine Oswald Anton, das erschreckend blasse Tonele, eine Trommel und eine Spielzeugkuh. Knapp drei Monate später, am 18. März 1884, starb Oswald Anton Ulmer im Alter von nicht einmal ganz zwei Jahren im Wohnhaus der Schatzmannschen Seifen- und Kerzenfabrik in der Felsenau.

Der Vormund ließ einen Partezettel drucken, wie für einen Erwachsenen, und benachrichtigte die Verwandten und Bekannten. Heinrich Ulmer war damals selbst schon ein schwerkranker Mann, dem immer wieder die Nieren zu schaffen machten. Drei Jahre hatte er noch zu leben. Im November 1887, wenige Tage bevor es zu Ende ging, teilte Marie ihren Schwestern mit, Heinrich habe einen leichten Rückfall erlitten. Vom Wasser aufgetrieben sei er diesmal nicht, aber die Niere schmerze ihn. Auch könne er vor Bangigkeit nicht schlafen und habe ungemein schwache Augen. Dr. Scarpatetti habe gesagt, dies sei bei der Nierenkrankheit vielfach so und ihn zum Augenarzt Dr. Blodig nach Bregenz geschickt. Seither müsse er eine dunkle Brille tragen. Sie hoffe auf einen glücklichen Ausgang.

Diese Hoffnung erfüllte sich nicht. Heinrich Ulmer starb am 25. November 1887 im 41. Lebensjahr. Vier Monate später, am 8. März 1888, brachte Marie noch einen Sohn zur Welt, den Anton.

Friedrich Schatzmann, der nach dem philosophischen Jahr, das er in Feldkirch bei den Jesuiten absolviert hatte, sein Theologiestudium begann, wechselte im Herbst 1883 an die medizinische Fakultät der Universität Innsbruck und beschloß, Arzt zu werden. Die Medizin gefalle ihm famos, schrieb er am 31. Dezember 1883 nach Feldkirch. Er habe auch schon seziert.

»Er ist Jesuit! So dachte und sagte ich und war glücklich beim Gedanken«, schimpfte Pater Joseph Gächter, der damals als Jugenderzieher in Buffalo in den Vereinigten Staaten wirkte, aber die Kontakte nach Vorarlberg nie ganz abreißen ließ. »Mediziner, nicht Jesuit«, er sei ernüchtert.

Tone, die sich als ältere Schwester und Ersatzmutter immer ganz besonders für Friedrich verantwortlich gefühlt hatte, fürchtete um das Seelenheil ihres Bruders, der inzwischen in Wien lebte. Deshalb korrespondierte sie von Feldkirch aus fleißig mit Pater Gächter, der auf diese Weise auch erfuhr, daß Friedrich mit der Wiener Rabbinerstochter Frieda Rosenfeld ohne Trauschein zusammenlebte. Es war die ganz große Liebe, allen Vorurteilen zum Trotz. Beide hatten einiges mitzumachen. Frieda wurde von ihrer Familie regelrecht verstoßen. Friedrich vom Jesuitenpater Gächter des Unglaubens und Lasterlebens beschuldigt. Um leben zu können, mußten Friedrich und seine hübsche, zarte Frau in Wien ein Geschäft eröffnen, das leider auch nicht viel abwarf. Aber sie waren glücklich, und am 27. Februar 1889 kam ihr Sohn, der kleine Fritz zur Welt. Nun wollten die beiden unbedingt heiraten und Frieda erklärte sich bereit, zum katholischen Glauben überzutreten.

Pater Gächter aber, der zu Weihnachten 1889 eine Messe für Friedrich las, malte den Teufel an die Wand und schrieb der lieben Antonie, die schreckliche Tragödie von Mayerling, die dem armen Kaiser fast das Herz gebrochen habe, habe ihn an den Friedrich denken lassen. Und Tone, die alles ganz genau wissen wollte, stellte damals hinter dem Rücken ihres Bruders Nachforschungen an und erkundigte sich bei Johann Josef Modest, dem Pfarrer von St. Veit in Niederösterreich, nach Frieda »Rosenberg«. Pfarrer Modest teilte dem »geehrten Fräulein« Schatzmann daraufhin mit, »daß Fräulein Frieda Rosenfeld (nicht Rosenberg) mit ihrem Söhnlein am 22. September

86

1889 in seiner Nachbar-Pfarrkirche Berndorf in feierlicher Weise getauft worden« sei. Sie habe an der äußersten Grenze seiner Pfarrei gewohnt und deshalb in Berndorf, das von ihr aus bequemer erreichbar gewesen sei, den christlichen Unterricht genommen. Er habe mehrmals mit Frieda Rosenfeld gesprochen und von ihr einen guten Eindruck bekommen. Sie sei ein »körperlich hübsches und von Charakter bescheidenes Fräulein«.

Am 16. Februar 1890 konnte Friedrich seine Frieda endlich zum Traualtar führen. Beide waren überglücklich. Leider nur wenige Wochen, denn am 4. Mai 1890 starb Frieda Schatzmann, geb. Rosenfeld. Für Friedrich, der nie mehr heiratete, brach eine Welt zusammen. Wenigstens hatte er den Fritzl, der in vielem seiner Mutter nachschlug, sich auf Schritt und Tritt bemerkbar machte und ein so gutes, aufgewecktes Kind war. Schweren Herzens vertraute er den Bub seiner Schwester Tone in Feldkirch an, die im Herbst 1891 das Anderle in die Stella Matutina gegeben und nun wieder Zeit für ein »neues« Kind hatte.

Frieda fehlte auch im Laden. Jedenfalls konnte Friedrich Schatzmann das Geschäft nicht halten. Er mußte verkaufen und die in Wien, Linz, Prag und Triest sitzenden Gläubiger zufriedenstellen. Dann erst konnte er sein Medizinstudium fortsetzen, und da Tone kurzentschlossen für einige Jahre zu ihm nach Graz kam, sah er auch seinen Sohn heranwachsen.

Friedrich Schatzmann hatte viel mitgemacht, war still geworden und in sich gekehrt, war dem Pater Gächter aber immer noch nicht genug zu Kreuze gekrochen. Jedenfalls schrieb der streitbare Jesuit am 18. April 1892 der Antonie Schatzmann, es sei nicht Gottes Schuld, daß Friedrich so geworden sei, er habe seine Gnaden gehabt, aber sie nicht gebraucht. Er hoffe immer noch, daß er gerettet werde, und es liege ihm ferne, ihn aufzugeben und nicht mehr für ihn zu beten. Aber, schrieb Pater Gächter voll heiligen Zorns, er wünsche ihm »recht viel Kreuz« auf Erden. »Zeitlichen Erfolg« wünsche er ihm keinen, denn er fürchte, »er möchte ihn einschläfern«.

Später, nach der Promotion zum Doktor der Medizin, sah's dann schon anders aus. Pater Gächter, der inzwischen in Bombay missionierte, schrieb der Tone, mit der er inzwischen per du war, er freue sich »recht sehr, daß der Friedrich einmal so weit« sei. Noch mehr freute er sich über den Lebensweg von Luise Schatzmann, die inzwischen in den Orden der Barmherzigen Schwestern vom heiligen Vinzenz von Paul eingetreten war, als Schwester Fidelia.

Zur Geschichte von Friedrich Schatzmann und Frieda Rosenfeld gehört auch das tragische Ende ihres Sohnes Fritz, von dessen Charme viele Damen noch Jahrzehnte nach seinem Tod schwärmten. Der Schatzmannsche Familienchronist, ein pensionierter Lehrer, hatte allerdings wenig Verständnis für den lebenslustigen Juristen, der an der Universität Genf studiert hatte, und nannte ihn einen »Bruder Leichtsinn«. Im Ersten Weltkrieg mußte Fritz Schatzmann als Kadett-Aspirant mit den Kaiserjägern einrücken. Er wurde verwundet, kam ins Lazarett, und beschloß eines Tages, dem mörderischen Töten zu entfliehen. Zunächst soll er gemeinsam mit seiner Gattin Karolina versucht haben, über einen Gebirgspfad im Bereich der Drei Schwestern ins Ausland zu kommen. Dabei sei er von der Grenzwache entdeckt und aufgegriffen worden. Dann habe er's nochmals versucht. Bei Meiningen habe er über den Rhein schwimmen wollen, dabei sei er angeschossen worden und ertrunken. Seine Leiche wurde am 1. August 1917 aus dem Bodensee gezogen und am folgenden Tag auf dem Ortsfriedhof von Hard beigesetzt. Beim Baden im See ertrunken, stand auf der Todesanzeige. Einige Zeit später starb auch seine Tochter Renata, das rothaarige Renile, an einer Hirnhautentzündung. Fritz Schatzmanns Witwe Karolina, geb. Schnitzer, aber vermählte sich wieder, und zwar mit dem Verleger Günther von Grothe.

In Dornbirn blieb die Zeit auch nicht stehen. Die Firma Gebrüder Ulmer expandierte, an der Bahnhofstraße wurde ein Grundstück mit einem zusätzlichen Magazin gekauft und im Haus in der Marktstraße wurden mit Einwilligung von Anton Ulmers Kindern Marie und Andreas, die immer noch die Besitzer waren, neue »Auslagfenster« eingebaut. Einen großen Teil der Verantwortung mußte in jenen Jahren Heinrich Ulmers Witwe Marie, geb. Schatzmann, tragen. Im August 1894 schrieb sie ihrer Schwester Tone, die Großmutter habe in letzter Zeit viel »mit den Augen zu leiden gehabt« und fürchte sich sehr »vor baldiger Erblindung«. Dr. Waibel sei zweimal bei ihr gewesen, um sie gründlich zu untersuchen. Die Schmerzen kämen von einer Erkältung, habe er sie getröstet. Die trüben Gedanken vertrieb damals eine Seiltänzertruppe, die drei Wochen lang vor dem Ulmerhaus ihre Kunststücke vorführte. Zwei Jahre später, am 7. Juni 1896, starb Magdalena Ulmer, geb. Huber. Nach der Beerdigung informierte Marie Ulmer ihre Schwester Tone und ihre Nichte Marie, die damals noch beim Friedrich in Graz waren und nicht zum Begräbnis hatten kommen können.

»Daß Großmutters Tod so schnell eintreten würde, hätten wir und sie selbst doch nicht gedacht«, schrieb Marie. »Und so starb sie, was das ärgste ist, noch unversehen. Ich war in der Nacht ca. dreiviertel Stunden bei ihr, da war sie auf dem Canapé und redete noch wie immer. Sie stand jede Nacht eine Zeitlang auf, weil sie oft schlecht schlafen konnte und eng hatte. Dann ging sie wieder ins Bett und ich ging auch wieder schlafen. Als ich am Morgen ihr rief, gab sie mir keine Antwort. Ich erschrak sogleich, ging mit der Magd hinein und fanden sie tot. Ihr könnt Euch unsern Schrecken denken. Und zudem hatte Lorenz, mein Schwager, zur gleichen Zeit eine leichte Lungenentzündung und kann jetzt noch nicht ausgehen. Folglich mußten wir dem Carl gleich telegrafieren, daß er zum Begräbnis komme und Andre war ebenfalls bei der Beerdigung und den folgenden Tag beim zweiten Gottesdienst. Sie war beim Tage immer auf, nie im Bette, schlief aber die letzten vierzehn Tage viel auf dem Sessel, oder in ihrem Zimmer auf dem Sofa, und aß am letzten Abend noch gern.«

Nach erfolgreich bestandener Matura wandte sich Andreas Ulmer aufgrund seiner »ernsteren Lebensauffassung« dem Theologiestudium zu. Geldsorgen hatten er und seine Schwester Marie keine, da das in Kapitalien angelegte Vermögen und das an die Firma Gebrüder Ulmer verpachtete Haus in Dornbirn genug abwarfen. Andreas und Marie konnten es sich also leisten, 1901 mit dem ersten Tiroler Pilgerzug, an dem auch Frauen und Mädchen teilnehmen durften, nach Palästina zu reisen. Aus Vorarlberg fuhren 32 Pilgerinnen und Pilger mit, davon waren neun aus Feldkirch, aber nur einer, der bekannte Prälat Dr. Karl Drexel, aus Dornbirn. Die muntere Pilgerschar fuhr zunächst mit der Eisenbahn nach Triest und von dort mit dem Pilgerschiff »Carniolia« weiter ins Heilige Land. Am 1. Oktober 1901 kehrten die Pilger nach Feldkirch zurück, wo sich etwa dreihundert Freunde und Bekannte am Bahnhof zur Begrüßung eingefunden hatten.

Wenige Monate später, am 23. Juli 1902, verkauften Marie und Andreas Ulmer das Dornbirner Vaterhaus an Heinrich Ulmers Söhne Carl und Rudolf, die das Vorkaufsrecht hatten.

Quellennachweis

Umschlagbild: Österreichische Galerie, Wien.
Die Originalbriefe und Aufzeichnungen, auf denen dieses Buch basiert, befinden sich im Privatarchiv des Autors, ebenfalls die Photos. Auskünfte zur Familie Huber erteilte das Stadtarchiv Dornbirn.

Originalzitate sind *kursiv* gesetzt oder durch Anführungszeichen kenntlich gemacht.

Worterklärungen

Augenzahn = Eckzahn des Oberkiefers
Augusteier = im August gelegte, besonders haltbare Hühnereier
Auslagfenster = Schaufenster
Balle = Ball (Spielzeug)
Bäsle = Base, aber auch andere weitschichtige weibliche Verwandte
Brautexamen = Religionsprüfung der Brautleute durch den Pfarrer
Brautstubat = Polterabend mit Bewirtung der Hochzeitsgeschenke bringenden Gäste
Briefbögle = Briefpapier
Bucker(le) = Bückling, Verbeugung
Chaisele (Schäsele) = Kinderwagen
Chaisendeckele = Kinderwagendecke
Couvertdecke = Steppdecke
dahergeschwätzt = dahergeredet
Doppelbarègekleid (Barähschkleid) = Sommerkleid aus leichtem Gewebe
Erdäpfel = Kartoffel
Fastenzeit = Zeit vom Aschermittwoch bis Ostern
Fichu (Fischü) = dreieckig gelegtes Hals- oder Busentuch
Fürio! = Alarm bei einer Feuersbrunst
Gampfbrünnele = kleiner Pumpbrunnen (Spielzeug)
gebachen = gebacken
Geltele = kleiner Holzbottich (Spielzeug)
Gotta = Taufpatin
Heiliger Tag = Weihnachtstag
Henkate = öffentliche Hinrichtung am Galgen
hintereinanderkommen = sich verstreiten
Klosamarkt = Nikolausmarkt
lediges Kind = uneheliches Kind
Leich(e) = Beerdigung
Mammele = Saugflasche
Novene = neuntägige Andacht
Örgelemann = Leierkastenmann
Partezettel = Todesanzeige
Pat(h)chen = Patenkind
Poppele = Baby
Primiz (Mehrzahl Primiza) = erstes Meßopfer eines katholischen Priesters
Röllele = kleine Schelle (Spielzeug)
Schlieferle = Muff, Hülle aus Pelz zum Erwärmen der Hände
Spenserle = Jäckchen aus feinem Stoff
Tibetkleid = Wollenes oder halbwollenes Kleid aus Merinogarn
Türken = Mais
Ührle = Taschenuhr
Urschele = verallgemeinernd für einfache, einfältige Magd
Verlobungskärtle = Verlobungsanzeige
Zuschg = Lagerhaus für Handelswaren

STAHL- UND MESSING-PFANNEN
TELEGRAMM-ADRESSE: SCHATZMANN, NENZING

Die Schatzmannsche Pfannenfabrik in Nenzing. Detail aus altem Firmenbriefkopf

Feldkirch. Illschlucht mit Hohen Kasten.

Felsenau und Feldkircher Illschlucht auf alter Ansichtskarte. Links die Schatzmannsche
Seifensiede, rechts die Eisenbahnlinie

Kreszenz Schatzmann, geb. Vögel
(1824–1866)

Andreas Schatzmann d. Ä.
(1808–1872)

Familie Schatzmann um 1870. Von links nach rechts: Pepi, Marie, Friedrich, Andreas
d. J., davor Vater Andreas d. Ä., Senze, davor Luise, Tone und Albert

Die Viktor (Viktoria Greiter) mit Senze, Tone und Marie (von links nach rechts), um 1866

Andreas Schatzmann d. J. (rechts) als Soldat in Hall in Tirol. Stark vergilbte Photographie aus dem Jahr 1877

Magdalena Ulmer, geb. Huber
(1818–1896)

Antons Vater Adam Ulmer
(1812–1863)

Magdalena Ulmer, geb. Huber, mit ihren Söhnen Lorenz, Heinrich und Anton Ulmer
(von links nach rechts), um 1875

Crescentia (Senze) Ulmer, geb. Schatzmann (1855–1883)

Anton Ulmer (1846–1882). Aufnahmen aus dem Jahr 1877

Marie und Heinrich Ulmers Sohn
Carl, um 1880

Senze und Anton Ulmers Tochter
Marie, um 1880

Carl Ulmer (rechts) mit seinem
Bruder Rudolf, 1883

Marie Ulmer (rechts) mit ihrem
Bruder Andreas, 1883

J. Grafsmayr   Dornbirn.

Das Ulmerhaus am Dornbirner Marktplatz, um 1880

Senze vom Tod gezeichnet, 1883

Anton kurz vor seinem Tod, 1882

J.GRASSMAYR   DORNBIRN.

GUSTAV BOPP   BREGENZ & DORNBIRN

Oswald Anton Ulmer auf dem Paradebett in der Felsenau, 1884

Friedrich Schatzmann mit seiner Braut, der Rabbinerstochter Frieda, geb.
Rosenfeld. Hochzeitsphoto aus dem Jahr 1890

Fritz Schatzmann, Andreas Ulmer und Marie Ulmer (stehend von links nach rechts) mit ihrer Tante Antonie (Tone) Schatzmann, um 1900